MUSIK FÜR BARBIEPUPPEN

Barbara Wrede

Musik für Barbiepuppen

Geschichten und Zeichnungen

Hanani Verlag

1. Auflage Dezember 2012
© für diese Ausgabe Hanani Verlag
© der Zeichnungen Barbara Wrede und VG Bild-Kunst
Alle Rechte vorbehalten
Satz: Dzendzel
Druck und Bindung: Dressler, Berlin
ISBN 978-3-944174-00-6

www.hanani.de

INHALT

Ein Anfang *7*

Drei Herren, eine Tasche und ich *10*

Pausenbier *14*

Séance *18*

Himmelfahrt *22*

Das Familiengrab ist voll *25*

Champagner in Plastikbechern *33*

Musik für Barbiepuppen *39*

Das Lied mit den Höllenglocken *45*

Tiere im Fell *51*

Über das Verschwinden *60*

Hin und weg *69*

Exoten *77*

Das Klettergerüst. Oben/Das Klettergerüst. Unten *83*

Kristallfamilien *90*

Die Vogeltränke *94*

Im Chemielabor *98*

Karim auf dem Klapperrad *107*

Trostbier in leichten Aludosen *111*

Jaulende, maulende Sonnenallee *117*

Abends *118*

Morgens *119*

Vor dem Gewitter *120*

Jackson Pollock und die Klopse *121*

Kannst du schwimmen? *125*

Der Herzputzeimer *129*

Ein Anfang

Das alte Jahr hatte sich davongeschlichen, das neue nahm ich wie in Zeitlupe in einer Blase sitzend wahr. Ein Anfang wie eine Grippe, die sich irgendwo im Körper festgezurrt hat, Symptome nur, auf die man wartet, und hofft, dass sie endlich klärend ausbrechen mögen. Ich stand in einer multikulturellen Schlange, die bis in das Treppenhaus reichte. Die Arztpraxis war voll. Eine klapperdürre Frau mit trockenpflaumigem Gesicht hustete. Nikotin-Patina lagerte sich auf meinem Nacken ab, der Mann vor mir pulte an einem Ekzem neben seiner Nase, andere konnten nicht mehr stehen und hatten sich auf die schmierigen Stufen gesetzt. Keuchen, Schnaufen, Rasseln, Schorf überall. Ich zog meine Mütze tief in die Stirn, klappte die Ohrenschützer hinunter. Sehr langsam näherte ich mich der Anmeldung. Ich war das erste Mal hier. Die Sprechstundenhilfe konnte meinen 50-Euro-Schein nicht wechseln und klemmte ihn mit einer Büroklammer an die Chipkarte, die erst später eingelesen wurde. Ich wollte protestieren, ließ es sein, vier Monate hatte ich auf diesen Termin gewartet, scheiß aufs Geld. Zum wiederholten Male tönte die frustrierte Stimme der Assistentin in die Menge hinein: »Ohne Termin beträgt die Wartezeit mindestens fünf Stunden.«

Allein das Atmen fiel hier schwer. Toller Jahresbeginn. Die Ärztin, die mich aufrief, trug eine Perlenkette über dem Rollkragenpullover und war sehr klein und stark

erkältet. Was mein Problem sei, blaffte sie für meinen Geschmack etwas zu barsch. Ich riss die Augen auf, um das nahende Wasser zu unterdrücken und kramte in meinem Beutel nach dem Notizbuch, in dem ich meine Beschwerden aufgeschrieben hatte. So war ich in der Lage, auch bei akuter Denkunfähigkeit wichtige Informationen abzuspulen. Die Ärztin stand auf, umkreiste mich einige Male und fragte, ob ich Leichenfinger hätte. Häh?
»Weiß und wächsern«, wisperte sie.
»Nein, niemals!«, erschrak ich.
Sie warf einen Blick auf meine Schuhe und sagte laut deren Markennamen.
»Zufrieden mit denen?«
»Die besten, die ich jemals hatte«, sagte ich, ein Geschenk von C., fügte ich in Gedanken hinzu. Sie klopfte an mir rum und füllte dann Überweisungsscheine aus.
»Ich hoffe mal, es ist nichts Lebensbedrohliches«, munterte sie mich zum Abschied auf, und ich bekam die Adresse eines weiteren Spezialisten. Tatsächlich konnte ich sofort für nachmittags den nächsten Termin ausmachen. Doch vor dem kam die Angst. Eine letzte Zigarette. Mir wurde schwindelig. Ich schleppte mich ins Bett, schloss die Augen. Warum wurde es nicht dunkel? Ob dies das Licht war, von dem immer geredet wird, wenn es zu Ende geht? Und was waren das für Töne? Etwa Wir sind Helden? Mir wurde schlecht. Ich kroch zum Telefon und rief B. an.
»Ich hab was Schlimmes, und ich höre Dämonen quäken.«
»Dämonen?«, fragte sie ungläubig.
»Ein indischer Taxifahrer hat J. erzählt, dass Dämonen

immer gegenwärtig sind, wenn auch unsichtbar. Er wollte ihr eine spezielle Kamera verkaufen, durch die man sie sehen kann. Und jetzt sehe ich einen Dämon – ohne Kamera«, jammerte ich, und dass der Dämon sich an meinem Schreibtisch breitgemacht habe, laut und schräg »Halleluja« singe und dazu mit seinen fünf Ärmchen alles durcheinander bringe. »Zwar verhunzt er den Cohen-Song nicht so schlimm, wie Wir sind Helden 2004 bei der taz-Party, aber wenn es nach mir ginge, dürfte das Lied sowieso nur von Jeff Buckley gecovert werden, der übertrifft sogar das Original. Warum die dummen Helden sich daran gewagt haben, weiß der Teufel, meine Freundin R. war auch ganz entsetzt«, fing ich zu schimpfen an. »Und jetzt auch noch der Fünfarmige auf meinem Schreibtisch, ich halt's nicht aus.« B. schwieg.

»Du spinnst«, lachte sie dann, und dass ich mich bloß schleunigst untersuchen lassen sollte, »los ab! – sonst wird der Termin hinfällig«. Kurz darauf stolperte ich aus dem Haus. Der Spezialist in der Praxis teilte mir später mit, alles sehe gut aus und so wie es sein solle. Als ich auf die Straße hüpfte, sprang ein spilleriges Wesen mit fünf Armen vor einer Straßenlaterne herum. Der Dämon aus meiner Wohnung! Nun sang er »Creep« und seine Variante lag irgendwo zwischen Radiohead und Damien Rice. Das war der Anfang.

Drei Herren, eine Tasche und ich

Etwas leuchtete im Rinnstein. Funkelte aus dem Dreck der Straße vor dem Nachbarhaus heraus. Eine knallrote Damenumhängetasche lag da. Ein durchnässtes Bärchenaccessoire war mit einem Bändchen an den Zipp vom Reißverschluss geknotet. Ich sah mich um und prüfte, ob die Besitzerin vielleicht gerade mal um die Ecke gebogen war.
»Hallo, hallo, hat hier eine ihre Tasche verloren?«, rief ich über die Straße. Keine Antwort. Ich beugte mich nach unten, als ein angeschrammelter Wagen der Telekom vor mir einparkte. Im Wagen saßen drei Herren. Nummer eins kurbelte das Fenster runter und fragte, ob ich mich um die Tasche kümmern würde. Ich legte die Tasche auf das Fensterbrett der Schuhmacherei und schwieg.
»Gucken Sie doch mal rein«, empfahl er. Von der Seitenstraße her kam ein kleiner Mann in Jeans und Musterhemd auf mich zu. Er schob eine Sackkarre mit einem Kissen drauf. Das Kissen fiel herunter, als er den Bordstein hoch wollte. »Ach Scheiße«, jammerte er, packte das Kissen wieder auf die Karre und schob ab.
»Gucken Sie doch mal rein«, wiederholte Nummer eins, deutete mit dem Zeigefinger auf die Tasche, und Mann Nummer zwei beugte sich aus der Mitte nach vorn und guckte so halb aus dem Fenster raus. Ich zog den Reißverschluss der Tasche auf. Eine Tageszeitung, Portemonnaie, weiter unten ein Timer,

Plastikkarten und eine Adresse ohne Namen aber mit Festnetznummer. Ich blätterte im Timer. Keine Einträge. Die Zeitung war von heute. BIG BROTHER STAR BEISST ZWEI MENSCHEN INS OHR, daneben das Bild einer Blondine im Bikini. Sonne wäre schön, aber es war grau. Graupelschauer setzte ein.
»Und, haben Sie was gefunden?«, wollte Nummer eins wissen. Was sollte ich denn finden? Ich antwortete, dass hier eine Telefonnummer stehen würde, ich aber kein Handy dabei hätte, ging dann zum linken Fenster des Wagens und fragte, ob die Männer mich mal telefonieren ließen.
»Klar, wir sind doch von der Telekom«, grölten die drei gleichzeitig und kicherten albern. Bei schlechtem Wetter kann ich das Programm der Fernsehzeitung auswendig, dachte ich und betrachtete die drei genauer.
Nummer eins sagte: »Mir haben sie mein Auto weggenommen, das war das Einzige, was ich an Freiheit noch hatte, bevor ich auf Hartz IV gerutscht bin.« Mann Nummer zwei schluckte bei dem Wort Freiheit. »Was, du hattest ein Auto«, flüsterte er. Der Fahrer, hier die Nummer drei, drückte seine Arme am Steuer durch und presste sich in den Sitz.
»Wenn ich etwas kann, dann Ideen ausbrüten und sie wie Pfeile auf meine Gegenüber schießen«, sagte er und erzählte, er habe den Wagen bei der Telekom ersteigert, und dass ihn das 50 Euro gekostet habe, »ausrangiert, sogar der Schriftzug war noch drauf«, betonte er stolz und wollte wissen, ob bei der Adresse in der Tasche

auch das Alter der Dame stehen würde. »Vielleicht können wir der Dame ja die Tasche vorbeibringen«, überlegte er noch. Nummer eins tippte die Nummer in sein Handy.
»Bestimmt ist ihr die Tasche vom Fahrrad gefallen«, mutmaßte Nummer zwei.
»Oder nächtliche Flucht, bloß nicht umdrehen, schnell weg hier«, murmelte ich.
»Genau«, sagte Nummer eins und seine Augen glänzten. Ob dieses Trio eine vom Arbeitsamt arrangierte Zwangsgemeinschaft war? Freiwillige? Vielleicht Menschenjäger, solche, die die Stadt nach Spuren der Nacht abgrasen – gepaart mit einer neuartigen Form der eigennützigen Kontaktanbahnung? Keine schlechte Idee. Muss sich ja nicht alles immer um Geld drehen.
Nummer eins bemerkte: »Keiner da, auch kein Anrufbeantworter.«
»Anrufbeantworter, was für ein blödes Wort«, meckerte Nummer zwei, »die antworten ja gar nicht, manchmal schneiden sie einem mittendrin den Satz ab. Diese Kisten sorgen nur für Missverständnisse, besser ist es sowieso, wenn man einfach hinfährt und alles direkt klärt. Dann weiß man auch ganz schnell, woran man ist. Immer dieses Gequatsche auf Maschinen, kann ich gar nicht gut aushalten ...«
Fass dich kurz, würde meine Tante Erika ihm erwidern, aber die war nicht hier. Eine Frau mit Hund lief an uns vorbei. Sie guckte mich an, wie ich so an der Tür des Transporters lehnte, blickte dann in Richtung des

Hundes, und stimmte ein selbstgemachtes Lied an: »Ach wie schön, jetzt graupelt's wieder«. Dann drehte sie sich mit den Worten »Ich verblöde total« wieder zu mir und verschwand. Ich stieg in den Wagen. Seitdem ist alles anders.

Pausenbier

Ein Mann mit Rad und einer Plastiktüte voller Dosen machte die Biege zur Bank neben mir. Er war hager, unrasiert und trug eine verspiegelte Sonnenbrille. Die nahm er kurz hoch und guckte grimmig. Ich saß auf seiner Bank. Ob ich aufstehen sollte? Ich blieb sitzen. Der Mann lehnte sein Rad an. Noch bevor er Platz genommen hatte, öffnete er eine Dose Bier. Uringestank vermischte sich mit dem Geruch von Gulasch. Im Gebüsch raschelte es.
»Boris, komm da raus«, rief eine Frau in rotem Zweiteiler und Stöckelschuhen. Etwas weiter vorn stand ihr Begleiter, in braunem Cord und mit Zeichenmappe unter dem Arm. Boris, ein gefleckter Jagdhund mit kupierter Rute, hörte nicht. Der Mann in Cord gab der Frau in Rot seine Zeichenmappe und prügelte Boris aus dem Gebüsch. Blaulicht auf der Straße hinter mir. Der Mittagspausler öffnete eine zweite Dose Bier. Ich starrte auf die andere Seite des Kanals, wo eine Frau brüllte und händeringend auf einen Typ mit Hund losging. Bestimmt war sie in Kot getappt, den der Halter nicht aufgesammelt hatte.

»Wenn man mal in Scheiße getreten ist, ist's zu spät, sich zu beschweren«, sagte der Mittagspausler grinsend zu mir und hielt mir eine Dose Bier hin. Würde ich sie nehmen, stünde ich in seiner Schuld, nähme ich sie nicht, ergäbe sich kein Gespräch. Wollte ich ein Gespräch? Ohne Gespräch hätte ich die Dose genommen. Der Typ stank. Oder war das Hundepisse-Mief? Er trank einen Schluck und spuckte mir eine Wespe vor die Füße, die schon fast ersoffen war. Ich schubste sie mit dem Fuß in Sicherheit. Die Wespe torkelte wie trunken auf den Betonplatten herum und verscheuchte im orientierungslosen Rausch eine Ameise. Eigentlich sah er nicht assi aus, der Typ, vielleicht ein bisschen müde, so genau konnte ich sein Gesicht nicht sehen, wegen der Brille, vielleicht sollte ich ihn mir lieber nicht so genau angucken. Ich drehte meinen Kopf weg. Ob ich gehen sollte? Ich öffnete das Bier und schmiss den Schnipsel ins Gebüsch, trank, und der Mittagspausler sagte, er wäre gar kein Mittagspausler, sondern arbeitslos. Auf seinem T-Shirt stand »It's a fast world«, und ein Bild von einem Panzer war drauf.

»Bis vor zwei Jahren hatte ich ein eigenes Geschäft«, sagte er und flüsterte dann: »Irgendwann konnte ich die Menschen nicht mehr ertragen. Seitdem sitze ich jeden Tag hier.«
»Ich weiß«, sagte ich.
»Ich dachte, ich wäre durchsichtig geworden«, sagte er und setzte sich rüber zu mir auf die Bank. »Glaubst du an das Verschwinden? Glaubst du, dass Menschen einfach so verschwinden können?«, fragte er. Eine schwergewichtige Frau ließ sich auf die frei gewordene Bank neben uns plumpsen. Ausbuchtungen wie

Pingpongbälle an den Oberarmen. Ihr türkisfarbenes T-Shirt leuchtete. In einer Hand hielt sie ein 1,5 Liter-Tetrapack mit Pfirsich-Eistee, in der anderen eine Pulle Billig-Rum. Sie entschuldigte sich, dass sie sich auf der Bank so ausgebreitet hatte. »Wegen Wasser in den Beinen und keiner Wohnung. Ich kann bei niemandem bleiben«, sagte sie, bat noch einmal um Verzeihung und schlief ein. Zwei halbwüchsige Jungen in Sportklamotten glotzten uns an, sahen aus, als ob sie skrupellos ganze Schulklassen abballern könnten. Der mit dem Irokesenschnitt bückte sich und suchte etwas vom Randstreifen auf. Gleich schmeißen die uns eine Bombe vor die Füße, wollte ich gerade sagen, als der Irokesenjunge ein Feuerzeug zückte. Der Junge zündete ein Teelicht an und legte es vorsichtig in den Kanal. Dort trieb es, das Licht.

Sollte ich nach seinem Namen fragen? Und was, wenn ich ihn wüsste? Ich stand auf und lehnte mich an das Geländer am Ufer. Eine Krähe flatterte dicht an meine Hände, landete. Ich machte einige Mädchenliegestütze, drehte mich um und trainierte meinen Trizeps, schaute dabei dem Mann, dessen Namen ich nicht wusste, ins Gesicht. Sein Kinn lag auf seiner Brust. Er döste in der Mittagssonne. Ich ging.

Und das Jahr verging, ohne dass wir jemals wieder ein Wort oder einen Blick wechselten, obwohl es lediglich zwei Tage gegeben hatte, an denen ich ihn nicht an seiner üblichen Stelle sitzen sah. Letzte Zuckungen des Jahrhundertsommers. Die Vogelbeeren wurden dunkelrot. Müll und Laub auf der Bank, auf der er täglich gesessen hatte. Verschwunden? Ich nahm Platz. Ein Mann mit Rad, Dosen in Plastiktüte und verspiegelter Sonnenbrille machte die Biege zur Bank neben mir.

Séance

Als Miriam an der Tür klingelte, verteilte Jauch gerade 500.000 Euro. Ich saß auf dem Sofa in der Küche und trank Plastikflaschenbier. Miriam schaltete den Fernseher aus. Tomas warf kleine Zettel mit Buchstaben und Zahlen auf den Tisch.
»Wir beschwören jetzt unsere Vergangenheit«, sagte er, zündete Kerzen an und ordnete Buchstaben und Zahlen der Reihe nach zu einem Kreis.
»Auf Geisterstunde hab' ich keinen Bock«, sagte ich genervt.
»Können wir nicht Rommé spielen?«, fragte Miriam und dann, ob es auch Wein gebe. Tomas öffnete den Kühlschrank, zog eine Flasche heraus und stellte einen umgedrehten Cognacschwenker in die Tischmitte. Dann holte er zwei Fotos von Kindern hervor, denen das Wunder von Fatima erschienen war, und lehnte diese an den Kerzenständer. Miriam gruselte sich vor den Bildern, weil die Kinder wie tot aussahen.
»Pack die weg«, sagte sie. Ich lachte. Tomas verstellte seine Stimme und spielte einen Geist. Wir legten Zeige- und Mittelfinger auf den äußeren Glasrandfuß.
»Können Geister überhaupt lesen?«
»Wart's doch einfach mal ab!«
Ich war müde, Wasser begann mir aus den Augen zu laufen, außerdem war es unbequem, die Ellenbogen nicht auf dem Tisch ablegen zu dürfen. Denn dann

wäre die Verbindung unterbrochen, behauptete Tomas.
»Geist, bist du da?«
»Ob wir in dieser Runde festfrieren, anwachsen oder sonstwas, hier ist kein Geist.«
»Klappe!«
Stunden später. »Die Aktion ist doch für'n Arsch.«
»Es geht um's Durchhalten.«
Dann ruckte das Glas. Ich war mir sicher, dass Tomas es angeschoben hatte und starrte auf seine Finger.
J-A.
»Wer bist du?«
H-O-L-G-E-R.
Miriam sagte, sie kenne einen Holger.
»Ist der tot?«, fragte ich und sagte, dass ich nur lebendige Holgers kennen würde.
»Der hat sich vor einem Jahr umgebracht.«
»Los, frag den Geist, ob er das ist«, zischte Tomas.
»Bist du der Holger, der sich aufgehängt hat?«
J-A.
Miriam sah aus wie Buttermilch und Spucke. Sie stand auf und kramte in ihrem Portemonnaie.
»Ich hab da irgendwo ein Foto von dem drin. Mit mir auf einer Party.«
»Hmh.« Ich bedauerte es etwas, Holger nicht kennengelernt zu haben. Tomas betrachtete das Foto. »Ist der hier bekifft?«, wollte er wissen. »Ja«, sagte Miriam.
Das Glas schubberte im Kreis.
»Ist der Zustand zwischen Himmel und Erde wie dauerstoned sein?«, fragte ich begeistert.

J-A.
»Der wollte uns was anderes sagen, du hast wieder einmal dazwischen geredet«, schimpfte Tomas. Die Zwei-Finger-auf-Glas-Halterei war anstrengend und meine Schulter steif. Ich wechselte die Arme und schüttelte den frei gewordenen aus.
M-O-R-D.
»Der ist umgebracht worden«, keuchte Tomas.
»Quatsch«, sagte Miriam, »die Kripo hat damals alles genau untersucht.«
»Los, frag, wer ihn umgebracht hat!«
Das Glas bewegte sich nicht mehr. Ich hätte Holger nach Paarbildungsstrategien und Einsamkeit im Jenseits fragen sollen, nur leider fiel mir das erst einen Tag später ein. Tomas senkte seine Stimme und sprach wieder Beschwörungsformeln. Das Glas schnellte über die Tischplatte.
H-A-N-N-E-S.
Ich guckte mir die Finger von Tomas und Miriam an. Sie lagen lose auf dem Rand. Miriam kippte einen großen Schluck Wein hinunter. Sie war immer noch blass. Wir beobachteten Tomas misstrauisch.
»Ich schieb da nicht rum!« Er löste seine Finger vom Glas. Das Glas formierte weiter Wörter.
Zu Lebzeiten sei Hannes Workaholic gewesen und habe alles flachgelegt was nicht bei vier auf dem Baum gewesen sei, erklärte Miriam leise. Das Glas vibrierte. Dann stand es still. Aus meinen Augen liefen Wasserfälle. Nächste Runde.

»Wer bist du?«
W-I-L-H-E-L-M.
Mein Onkel? Auf seiner Beerdigung saß ich in der ersten Reihe, direkt vor Sarg und Pastor. Mein Vater neben mir schlug mit seinem Krückstock an meinen Knöchel und meinte grinsend, dass der Pastor meine orangen Socken sehen würde. Ich hielt mir mit der Hand den Mund zu. Als der Sarg vom Onkel in die Kuhle gelassen wurde, fielen den Trägern die Seile in das Grab und der Sarg mit dem Kopfende zuerst ins Loch. Das Glas kippte um. Prost, Onkel Wilhelm.
M-A-R-T-H-A.
Ich kannte keine Martha.
»Das ist meine Oma«, flüsterte Miriam. Das Glas schlug Haken wie ein Hase. Wir konnten unsere Finger kaum am Rand halten und zuckten zusammen, als es an der Haustür klingelte. Tomas rannte zur Sprechanlage.
U-E-B-E-R-F-A-L-L, schrieb das Glas.
Mir wurde schwindelig.

Himmelfahrt

Vor knapp drei Jahren starb meine Lieblingstante. Tot und aufgebahrt sah sie ganz anders aus.
Der Bestatter hatte ihr die Lippen knallrot angemalt. Geschminkt hatte sie sich nie. Ich wischte die Farbe ab. Frank Sinatras Dosengesang »I did it my way« dudelte im Hintergrund, so leise, dass es penetrant war. Sinatra hatte sie nie gehört. Ob sie überhaupt Interesse für Musik gehabt hatte? Ein grandioses Gedächtnis hatte sie jedenfalls bis in ihr hohes Alter.

In ihren letzten Monaten hatte sie ihr geliebtes Stricken aufgeben müssen, denn sie konnte die Arbeitsstücke nicht mehr halten. Sie begann Lore-Romane zu verschlingen.
Der Fernseher war immer an, ihr Hörgerät nie. Jede Unterhaltung Geschrei.
Ob sie noch genug zu lesen hätte, fragte ich sie einmal.
Von ganz weit weg sah sie mich an.
»Marmelade?«, fragte sie.

Heute morgen explodierte meine Himbeermarmelade. Quoll blutrot über den Glasrand, breitete sich, wie von einem höheren Wesen befohlen, aus, zischte und brodelte. Himmelfahrt. Das hätte Tante H. gefallen.

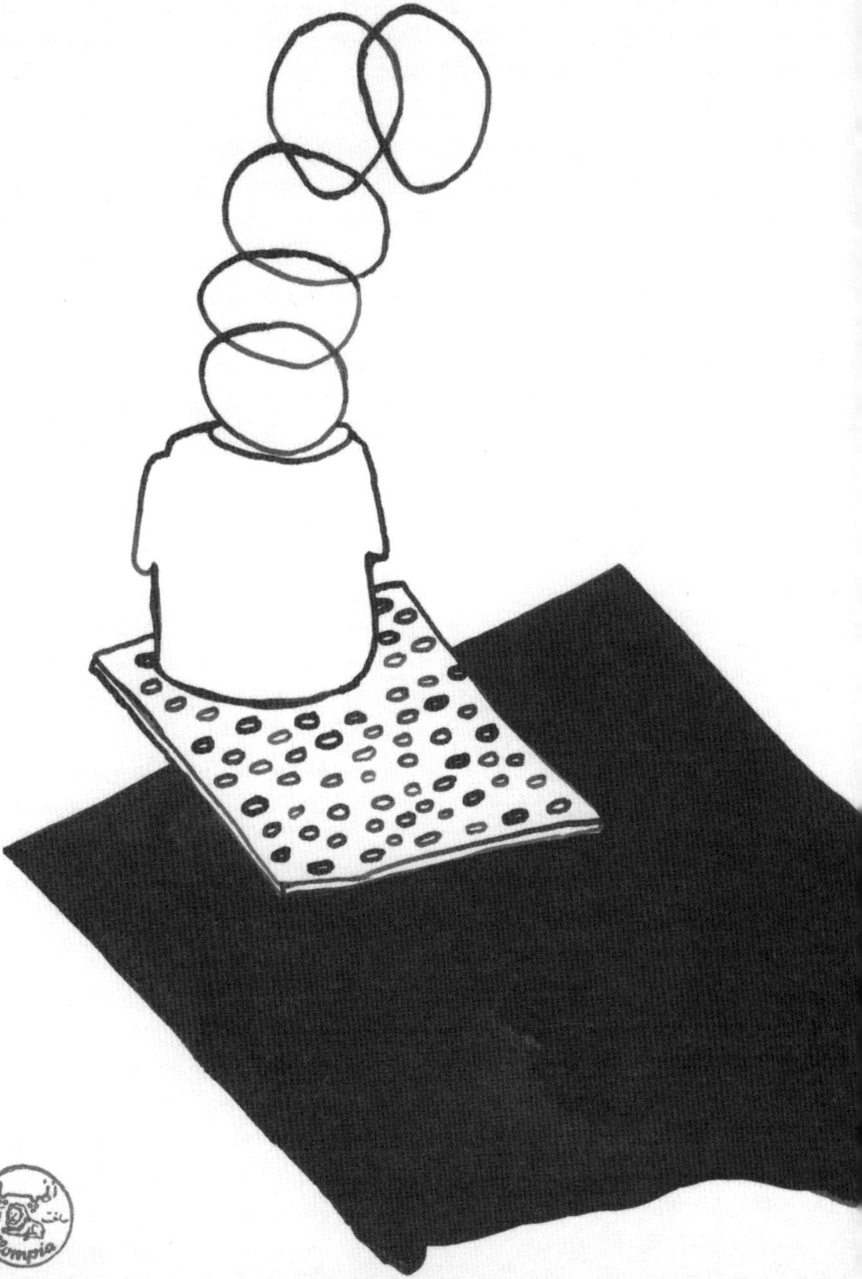

Das Familiengrab ist voll

Die letzten Mücken der Saison tanzen im Licht der Abendsonne. Eine klebt auf meinen Lippen fest und stirbt, als ich sie mit den Fingern abwische. Auf dem Sportplatz neben dem Waldfriedhof bolzen Jugendliche. Ruhestörung oder willkommene Abwechslung für die Toten? Ich nehme die Stöpsel meines Walkmans aus den Ohren. Hier auf dem Dorf ist es unhöflich, mit Musik über den Friedhof zu spazieren. In der Stadt kümmert sich niemand darum. Dort sitze ich auf meinem Lieblingsfriedhof vor dem Grab von Carl Blechen, esse Eis, rauche und höre Musik. Hier will ich keine Regeln mehr verletzen. Ich binde den Hund an den Zaun neben die Eingangspforte des Friedhofs.

»Komme gleich wieder«, beruhige ich ihn. Er legt sich hin, kreuzt die Vorderpfoten. In welcher Reihe liegen die Gräber meiner Großeltern? Keine Ahnung.
Als Kind bin ich oft verzweifelt gewesen. Meine Eltern sagten, für meine Schwester und mich wäre kein Platz mehr an diesem Ort, an dieser Stelle, wo die Eltern einmal liegen werden.
»Da passen nur sechs Tote drauf.«
Mittlerweile hat sich die Lage entschärft. Die Toten werden übereinander gestapelt, meine verstorbene Tante, aufbewahrt in einer Urne, ist begraben über dem Sarg meiner Oma. Der Bruder meines Vaters liegt

seit fünfzig Jahren hier, kümmert sich niemand um das Grab, wird es bald eingeebnet werden. In Reihe zwei harkt eine Frau mit Kopftuch und Kittel das Laub vom Weg. Sie erwidert meinen Gruß nicht, schaut nicht einmal auf. Sie schiebt abgestorbene Blätter zusammen, packt die glitschigen Haufen mit bloßen Händen in bereitgestellte Eimer und entsorgt sie auf dem Komposthaufen.

Körperliche Erinnerungspflege ist eine gute Art, den Tod und Schmerz abzuarbeiten, denke ich und falte die Hände vor den Gräbern meiner Großeltern. Sie liegen im vierten Gang, links. Feuchte Tannennadeln und Laub haben die Inschriften der Steine zugedeckt. Ich wische die Namen und die gelebten Jahre frei. Modergeruch. Gestern hätte meine Oma Geburtstag gehabt.

Die Frau in Reihe zwei ist verschwunden. Ich bin allein und stöpsele die Musik wieder in die Ohren. Genug der Anpassung. Mit großen Schritten gehe ich auf den höchsten Punkt des Friedhofs zu. Dort steht die Kapelle. Am Wegrand wachsen Maronen und Steinpilze. Nicht pflücken, sie sind vergiftet mit den Seelen der Menschen, die zu Lebzeiten böse waren, sagte meine Oma, als sie noch dazu gehörte. Zwischen den Bäumen haben Spinnen unsichtbare Fäden über den Weg gespannt, die im Gesicht hängen bleiben. Ich setze mich auf die Mauer vor den Holzturm mit der Friedhofsglocke. Früher hätte ich mich gerne einmal an das Seil gehängt.

Ich rüttele an der Türklinke des Turmes. Verschlossen. Ich gehe den Weg wieder hinunter, binde den Hund los und laufe mit ihm über ein Feld am Friedhof entlang. Ganz oben bleiben wir stehen. Strommasten mit drei Leitungen lenken meinen Blick ins Tal. In der Ferne wird diese Linie von Windrädern fortgesetzt. Die Flügel der Räder stehen still. Würde ich noch malen, dann würde ich diesen Tag, diese Stunden hier mit dem Stillstand der Räder beschreiben. Meine Kehle ist wie zugeschnürt, meine Mundwinkel zucken. Ich ziehe eine imaginäre Linie durch die Landschaft über die Felder ins Dorf. Was will ich hier? Suche ich eine Verbindung vom Gestern zum Heute? Oder will ich in einem Zustand verharren, von dem ich mich längst verabschiedet habe? Ich muss lachen. Zuviel Sauerstoff. Ich drehe eine Zigarette. Das Papier knistert. Der Hund setzt sich vor mich hin. Er erwartet etwas zu fressen. Ich lasse ihn von der Leine, er steht auf und schnuppert an irgendetwas Vergammeltem, beißt hinein. Er beißt sich in Wut. Ich kicke die Überbleibsel der Mäuseleiche an den Zaun zur Ölförderanlage. Sie landen unter einem Hinweisschild an einer roten Eisenstange. Zwischenstation 4 steht darauf. Zwischenstation?

Ich leine den Hund wieder an, tupfe mir Schweiß mit dem Hemdsärmel von der Stirn und blicke auf abgeerntete Felder. Nur eine vertrocknete Maispflanze steht noch da, eine spartanische Zeichnung auf einem schmuddeligen Blatt. Der Hund hat sich hingesetzt. Ich schimpfe und schiebe ihn von hinten an. Er legt sich hin.

Ich zerre an der Leine. Der Hund verdreht die Augen und macht Würgegeräusche.

Uns kommt ein Paar entgegen, das ich aus Kindertagen kenne.
»Na, ihr seid euch wohl nicht einig!«, lachen sie.
Der Hund ist groß und schwer, ich hebe ihn hoch und lege ihn mir wie einen Kragen um die Schultern. Am Dorfrand tauchen die ersten Häuser des Neubaugebiets auf. Solche Häuser habe ich hier nicht vermutet. Sie fallen auf in einer Struktur, in der es sich am bequemsten lebt, wenn man nicht auffällt. Ich wuchte den Hundekragen von meinen Schultern. Kinder malen mit Kreide die Grundrisse von Geschäften auf den Fußweg. Die Kinder beobachten uns. Seit achtzehn Jahren lebe ich nicht mehr hier. In der Sparkasse musste ich gestern meinen Ausweis zeigen.

»Ich kenne Sie nicht«, sagte die Bankangestellte und fragte mich, als sie die Formulare ausfüllte, wie lange ich schon in der Stadt leben würde. Ich zuckte mit den Schultern.

Ein Bach teilt das Dorf in zwei Hälften. Der Bach ist zugewuchert. Niemand scheint sich mehr um das Mähen und Säubern des Ufers zu kümmern. Auf dem Geländer der Brücke wächst Moos, neben der Brücke der Strauch mit den weißen, geleeartigen Fruchtbällchen. Ich pflücke einige und schmeiße sie auf die Straße. Sie zerplatzen unter meinen Füßen. Dieses Geräusch

hatte ich fast vergessen. Am ehemaligen Grundstück meiner Eltern bleiben wir stehen. Es liegt mitten im Ort. Drei Eichen an der Straße zum Bach, dahinter die Werkstatt und die Lagerhalle. Das Wohnhaus mit dem Lebensmittelladen, dessen Schaufenster nun von innen zugebaut ist, zeigt zur Hauptstraße. Vor einiger Zeit wurde das Anwesen versteigert. Der Käufer hatte die Betriebe nicht halten können. Die Gebäude stehen leer und verrotten.
Das Lebenswerk meiner Eltern verwandelt sich in eine Ruine.
Oberstes Gebot in dieser Enge ist, die Fassade zu wahren. Klappt nicht immer. Der Hund zieht mich zum gegenüberliegenden Haus. Er läuft zur Hintertür unserer früheren Nachbarn. Tante Hilda ist 85 Jahre alt und schiebt sich mit einer Gehhilfe über den Hof.

»Lange nicht gesehen!«
Ob sie ein neues Auto habe, rufe ich ihr entgegen.
Sie grinst und setzt sich auf die Bank ihres Gefährts. In ihrem Wohnzimmer begießen wir unser Wiedersehen mit Kaffee-Baileys. Der Hund schläft, seine Pfoten zucken. Ich streichele ihn. Er dreht sich auf den Rücken und es sieht aus, als ob er lachen würde. Ich tätschele seinen Bauch.
»Manchmal wäre ich gerne mein Haustier«, sage ich zu Tante Hilda.
Sie kippt den Rest Baileys in unsere Tassen. Ich bin schon leicht beschwipst, als ich frage, wie es ihr geht. Die Tante

krempelt ihre Hose hoch und tippt sich ans Schienenbein. Heute morgen sei sie bei der Ärztin gewesen, sagt sie. Sie hat eine Bandage bekommen, eine offene Stelle heilt nicht zu und sifft ihr die Klamotten voll.
»Scheiß offene Stellen.«
»Ruft er dich nicht an?«
»Nein.«
»Lass ihn zischen, nimm 'nen Frischen.«

Ich falle ihr prustend um den Hals. Sie klammert sich fest an die Lehnen ihres Sessels.
Abschied. Wie oft habe ich heute schon daran gedacht? Ob man sich noch einmal wiedersehen wird?

Frau Köllner ist an der Organisation der Beerdigungen im Dorf beteiligt. Sie kommt mit ihrer Hündin auf uns zu, als wir an der Hauptstraße angelangt sind. Früher hat sie die Toten gewaschen. Mein Vater war als Tischlermeister gleichzeitig auch Bestatter des Ortes. Kein anderes Bild in meiner Erinnerung ist feierlicher und endgültiger, als das, in dem der Vater im schwarzen Anzug, mit Krawatte und weißem Oberhemd in den Leichenwagen stieg, um die Toten zu ihrer letzten Ruhestätte zu bringen. Der Tod ist ein Geschäft, das 300 Prozent Gewinn einbringt. Gestorben wird immer.
Die Kopfkissen der Toten wurden mit Sägespänen gefüllt. Das war für mich als Kind ein Ritual.
Ich krabbelte an der Hobelmaschine in unserer Werkstatt herum und suchte die feinsten Buchenspäne aus. Die

Öffnung der Kissen nähte meine Oma mit der Hand zu. Im Keller unserer Tischlerei standen für mögliche Todesfälle Särge verschiedener Ausführungen bereit. Probeliegen als Mutprobe. Ich schloss die Augen, hielt mir die Ohren zu und die Luft an. So ist es, wenn man tot ist, dachte ich. Frau Köllner kümmert sich jetzt nur noch um die Sargträger, alles andere wird von einem Bestattungsinstitut erledigt. Getragen wird im Dorf der Reihe nach.

»Ist jemand gestorben?«, begrüße ich sie fragend.
Frau Köllner kichert. Sie traue sich schon gar nicht mehr, sich im Dorf sehen zu lassen, sagt sie. Alle würden sie mit dem Tod in Verbindung bringen. Wir kennen uns schon eine Ewigkeit. Ob der ständige Umgang mit dem Tod sie so jung gehalten hat?
»Sind deine Eltern nicht da?«, fragt sie mich.
»Die sind in Polen, besuchen das Grab des im Krieg gefallenen Vaters meiner Mutter«, erzähle ich ihr. Meine Mutter hat ihren Vater nie kennengelernt. Er liegt in der Nähe von Warschau auf einem Soldatenfriedhof. Die Hunde beschnuppern sich. Frau Köllners Hündin fletscht die Zähne, sie mag das Rumgetänzel meines Hundes nicht, beißt ihn in den Nacken und schüttelt ihn. Mein Hund drängt sich verdutzt an meine Beine.

»Männer«, sagt Frau Köllner, sie kichert wieder und zieht mit ihrer Hündin weiter.

Ich gucke den beiden hinterher. Frau Köllner sieht aus, als ob sie hüpfen würde.
Sie hat die Verbindung geschafft, denke ich.

Champagner in Plastikbechern

Durch die geöffnete Hoftür schien der Mond. Anstatt mich über den Verkauf meiner Kunstwerke zu freuen, setzte Lähmung ein. Nie wieder würde ich einen Stift anfassen können. Was sollte nun werden? Sollte ich den Deal nicht lieber rückgängig machen? Was, wenn die Auswahl zu Hause nicht mehr gefiel? Müsste ich die Werke dann umtauschen? Oder das Geld zurückgeben? Wie sollte ich mit einer Arbeit verfahren, die jemand schon benutzt hatte? Ob die auf immer und ewig die Ungeliebte sein würde? Wäre das einem möglichen nächsten Käufer egal? Wanderkunst? Zigarette. Meine Hände zitterten. Bloß nichts anmerken lassen. Luftpolsterfolie. Bilder einpacken. Ein allerletzter Blick.
»Sie sind ja ganz betrunken«, sagte Herr F. und nahm mir die Klebebandrolle aus der Hand, um selbst die Verpackung der Werke abzuschließen. Verlegenes Kichern. Plötzlich stand sie da. In der Mitte des Türrahmens. Ganz in Weiß. Für eine mit der Rollkofferseuche hier in den Kiez Eingeschwemmte sah sie zu ursprünglich aus. Die Dame ruckte sich die Tasche über ihrer Schulter zurecht. Stand da und guckte. In einer Hand trug sie eine Plastiktüte. Ich dachte an den Regentag, an dem ich Howard Carpendale an einer Kreuzung am Gendarmenmarkt traf. Er war ganz in Weiß gekleidet, wartete mit mir und zwei Mädchen, die er beschimpfte, weil sie ihm den Regen mit den

dargebotenen Schirmen nicht vom Leib hielten, an einer Ampel. Weißer Meckerpunkt an einem grauen Tag.

Guten Abend, sie sei eine echte Rothaarige, sagte die Dame und strich sich durch die lilatonige Pracht. Ich nickte und gab ihr einen Becher.

»Für mich?«, fragte sie ungläubig. Ich nickte wieder. Wir prosteten Frau S. zu. Herr F. hatte sich in die hinterste Atelierecke verkrümelt, hockte vor einem Fach mit Stiften, die er zählte, und er tat so, als wäre er gar nicht da. Die Dame fragte, was wir hier machen würden. Und wie so oft, wenn Besucher meiner Werkstatt das wissen wollen, fiel mir keine Antwort ein.

»Ich mache gar nichts hier, sondern die«, sagte Frau S. und zeigte auf mich. Ich sagte nichts. Die Dame sagte, sie hätte zu Hause auch ein Bild, das könne sie uns ja mal vorbeibringen, und dass sie nur zufällig hier gelandet sei, durch die offene Hoftür hier im Hinterhof. So viele Jahre würde sie nun schon im Kiez wohnen, aber hier – hier sei sie noch nie gewesen.

»Prost! Ich bin Helga.«

Sie blickte Frau S. und mich neugierig an, erzählte von früher und berichtete der Reihenfolge nach von ihren Verehrern. Es waren viele und manche waren schon tot. Dann stellte sie ihre Plastiktüte auf den Sessel neben der Tür, zog etwas aus der Tüte hervor und zeigte es mir und Frau S.

»Für euch«, sagte sie, und dass wir uns mal etwas Schönes kochen sollten. Herr F. rief von irgendwo her, wir hätten hier keinen Ofen. Wie konnte er aus der Entfernung sehen, dass es sich um ein indisches Fertiggericht von einem blau-gelben Discounter handelte?

»Wie schade«, sagte Helga, steckte die Packung wieder in die Tüte und legte alles zurück auf den Sessel. Ihr weißes Outfit reflektierte das Neonlicht des Arbeitsraumes, Mondstrahlen von hinterrücks, wie eine Erscheinung stand sie da, gleich neben der Tür, durch die nun auch noch die schwarz-weiße Hofkatze lugte. Ein vollkommenes Bild. Jeder Imitationsversuch zum Scheitern verdammt. Die Katze verschwand wieder.

»Alles perfekt«, sagte Helga und bog aus einem Biegelineal ein Herz. Ein Liebesgruß, aber für wen der sei, das werde sie uns nicht verraten, gluckste sie und trank einen Schluck. Ihre Augen waren glasig. Vielleicht werde sie noch zum Inder essen gehen. »Da vorne an der Ecke«, sagte sie laut und fragte, ob wir mitkämen. Wir hatten schon etwas anderes vor. Ich goss den Rest in die Becher. Helga bat mich, sie durch die Hinterhöfe nach vorn zur Straße zu bringen, hatte Angst, sich zu verlaufen.

Als wir fast angekommen waren und der Abschied bevorstand, fing sie zu weinen an.

»Ich bin so einsam«, flüsterte sie mir ins Ohr.

Und dass sie manchmal nicht wisse, wo die Einsamkeit sitzt und welche schwerer wiegt, die auf der Straße oder die im letzten Hinterhof.

»Naja, is' ja auch egal«, schloss sie.

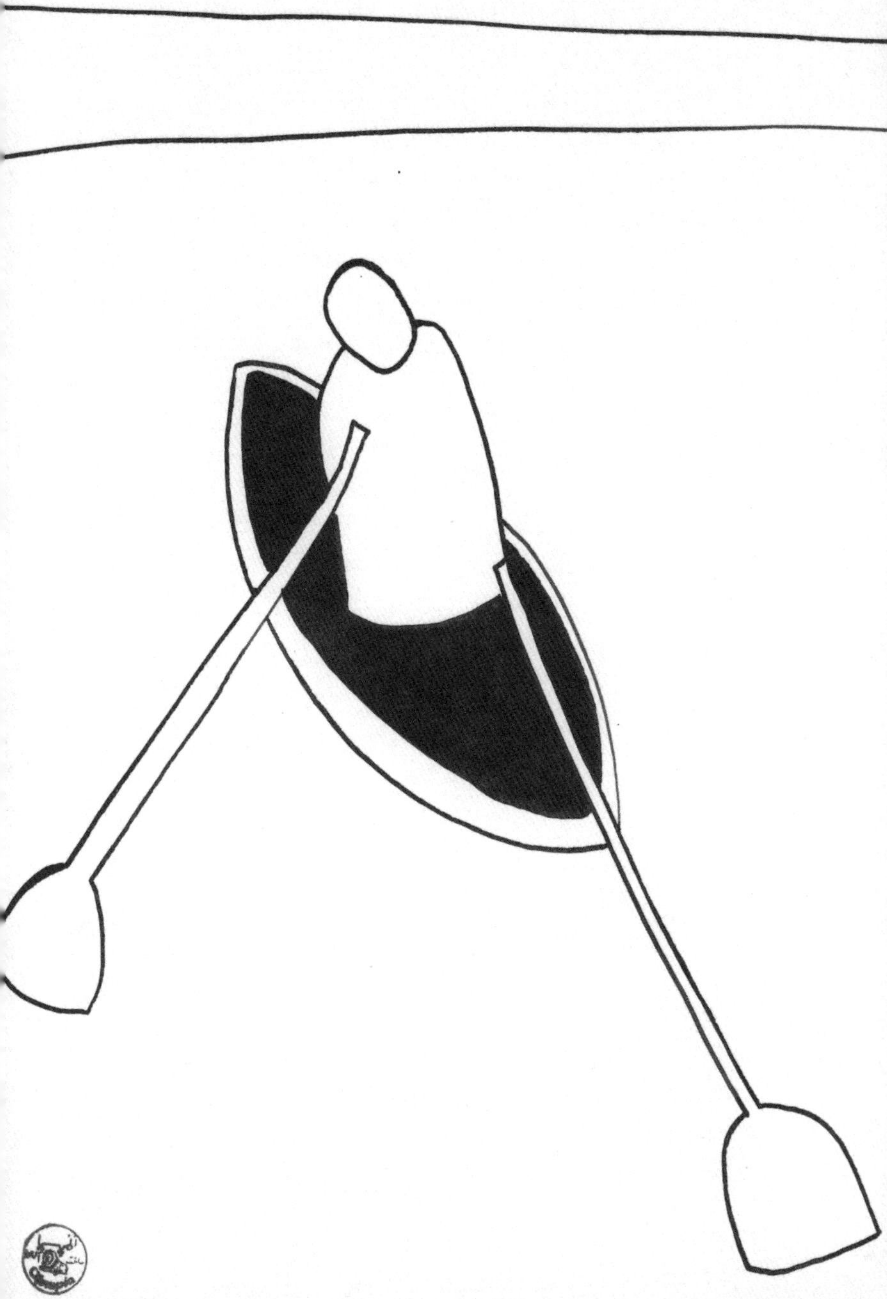

Musik für Barbiepuppen

Die beiden Kassenschlangen im Discounter reichten bis an die Tiefkühltruhe, die im hinteren Teil des Geschäftes stand. Ich wühlte im Süßigkeitenregal und packte fünfmal Alpenmilch-Schokolade in meinen Wagen. Hinter mir kreischte ein Kind, eine Frau aus der Nebenschlange kniff es in den Arm. Die Mutter beschimpfte die Frau. Ihr Geschrei übertönte die Fistelstimme eines kleinen Mannes in Manchesterhosen, der Selbstgespräche führte. Er hatte eine Packung Brot in seinen Händen und dreckige Fingernägel. Ich ließ ihn vor. Er grinste mich aus zahnlosem Mund an und legte seinen Einkauf aufs Band. Dann griff er in den Zigarettenständer neben der Kasse und packte je zehn Packungen Miami Style, Starlight und Smart zum Brot.
Einem Mann, der an der gegenüberliegenden Kasse wartete, schrie er zu: »Ey Alta, schmeiß mir ma noch drei Smart rüber, aba zackig!«
Die Schachteln flogen aufs Band.

Ich pulte eine Rolle Happy End aus der Verpackung, schnaubte meine Nase aus, verstaute meine Einkäufe im Rucksack, setzte ihn auf, nahm die in Plastik verschweißten Wasserflaschen in die eine und die Packung Blumenerde in die andere Hand. Ein junger Typ fragte mich, ob er mir beim Tragen helfen solle. Hilft mir mal jemand in die Jacke, dann denke ich sofort, der will mich umbringen oder beklauen. Würde ich also sein Angebot annehmen, könnte ich binnen drei Minuten tot sein. Oder: Der trägt mir das Zeugs in die Wohnung, betäubt mich und ich habe den Salat, dachte ich und lehnte ab.

Zwei Kinder kamen mir entgegen. Die beiden traten erst gegenseitig an ihre Schienbeine, dann gegen meine und schließlich an meine Einkäufe. Kinder schlägt man nicht, Schütteln auch verboten.

Später saß ich mit einem Bekannten in einer Kneipe und hörte mich sagen, dass man sich in der Stadt die Leute aussuchen könne, mit denen man sich umgeben möchte. Auf dem Land sei das anders, um die Stimmung zu halten, müsse man mit jedem auskommen und jeden zur Tür hereinlassen. Uhrzeit egal.
Noch bevor ich meine Worte fertig gesprochen hatte, bemerkte ich meinen Irrtum. Um ehrlich zu sein, saß ich nicht freiwillig hier, sondern aus Pflichtgefühl, weil der Bekannte mir beim Hin- und Herrücken einer großen Tischplatte geholfen hatte. Also ein Pflicht- und kein Freigefühl bei der Auswahl meines momentanen Gegenübers. Hatten sich Stadt und Land doch mehr angeglichen, als ich wahrhaben wollte?

Mein Gegenüber fing an, sich mit dem Messer ein Etikett aus seinem Hemd zu schneiden.
»Ist nicht bezahlt«, sagte er, und dass er Beweise ver-

nichten würde. Was für Beweise?
Der Kellner brachte ihm Lasagne in einer Alubox, mir eine Portion Spaghetti und stellte zwei Flaschen Bier auf den Tisch. Um das Gespräch in neutrale Bahnen zu lenken, fragte ich meinen Tischnachbarn, welche Menge Blumenerde nötig sei, um Kinder und Hunde, die nicht aus dem Weg gehen, damit zuzuschütten. Er saß schweigend vor seiner Lasagne. Sein Kopf baumelte hin und her, wie der eines Wackeldackels auf Heckablagen neben Klorollenhäkeleien. Wir begannen zu essen.
»Vor einiger Zeit ging ich ein paar Wochen an Krücken. Mir wurden die Türen aufgehalten, und die Verkäuferinnen verabschiedeten sich mit einem ›Gute Besserung‹«, sagte ich. Er schwieg. In seinen Mundwinkeln bildeten sich Blasen. Seine Augen waren hellbraun und klar mit orangen Sprenkeln. Fast so wie die des ockerfarbenen Staffordshire-Bullterriers, mit dem ich gestern beim Um-die-Ecke-Biegen an Hoffmanns Getränkeladen zusammengestoßen war.
Eine Frau hatte geschrien: »Müssen Sie meinen Mops so schneiden!«

Mein Gegenüber knurrte. Ich bekam Gänsehaut.

Die Alubox lag auf dem Boden, er hockte davor, säuberte sie bis auf den letzten Rest, rülpste und drehte sich auf die Seite. Der Kellner brachte ihm eine Schale mit Wasser und tätschelte seinen Kopf. Hätte ich meine

Krücken dabei, würde der Kellner mir vielleicht auch über den Kopf streicheln. Der Hund packte eine Pfote auf mein Knie und legte sich dann wieder hin.

Vor mir stand ein Mann. Er breitete ein Knüpfbild auf dem Tisch aus. Welche Farben er für die Ohren nehmen solle, fragte er. Auf dem fast fertigen Kissenbezug sah man zwei Katzenköpfe, der Hintergrund bestand aus verschiedenen Grautönen. Mein letztes Knüpfkissen hatte ich bei meiner achtzigjährigen Großtante im Dorf gesehen. Mit Hirschen. Der Mann holte ein Vorlagenbuch aus seinem Rucksack und schlug die Seite mit dem Katzenmotiv auf, nach dem er knüpfte. Das sah ganz anders aus.
»Das meiste habe ich aus meiner Erinnerung geknüpft«, sagte er. »Ich schaue einmal auf das Motiv und dann fange ich an«, sagte er noch. Bei den Ohren habe er allerdings immer Schwierigkeiten, deshalb würde er dazu lieber die Meinung anderer einholen. Ob ich eine hätte, fragte er.

»Die kleinsten Ohren, die ich jemals sah, hat B.«, sagte ich, und dass die aussehen würden, als ob nur Löcher in den Kopf gebohrt worden seien. Ähnlich wie bei einem Wellensittich, die sehe man nur, die Ohren, wenn man den Vogel badet.
Der Mann runzelte die Stirn und rollte seine Handarbeit ein. Ich trank das herrenlose Bier aus. Der Hund hatte sich an einen anderen Tisch gelegt und bettelte. Im

hinteren Teil der Gastwirtschaft wurde eine Leinwand an die Wand gehängt. Ich nahm mein Glas und setzte mich davor, ein paar andere Gäste saßen schon dort. Dann begann die Übertragung eines Boxkampfes. Wir quatschten und tranken miteinander. Der Kampf auf der Leinwand dauerte sieben Minuten. Dann verpasste der Champion seinem Kontrahenten einen Schlag aufs Auge. K.o. Um mich herum Gemurre über den geplatzten Abend und das Auge. Soviel zum Thema Dorfgefühl. Ich bestellte noch ein Bier und dachte an die alte Dame, die in meinem Nachbarhaus wohnte.

Sie war vor vier Monaten gestürzt, hatte eine Stunde lang um Hilfe geschrien, kam ins Krankenhaus, dann in eine Rehaklinik. Seit einigen Tagen war sie wieder zuhause und konnte sich nur noch mit einem Rollator fortbewegen. Ich entschloss mich, sie zu besuchen und klingelte in der dritten Etage, Hinterhaus links.
Die Mieterin, die ein Stockwerk höher wohnte, kam herunter und öffnete. »Irmela ist in der Stube«, sagte sie und legte ein Paket vor die Tür. Irmela saß an der Heizung, die Beine hatte sie auf einem Hocker vor ihrem Sessel abgelegt.
»Was macht die Kunst?«, fragte Irmela.
Dass diese für mich existentielle Frage für sie nur eine Begrüßungsfloskel war, begriff ich elf Jahre zu spät. Ich erzählte von vollen Zügen, meinem Standardsitzplatz auf meinem Koffer vor dem Klo, und dass meine Schwester sich einen Hund gekauft habe. Irmela

wickelte ein Gummiband um die Tüte Riffelchips in ihrem Schoß, legte sie auf die Fensterbank, zog die Gardine davor und kicherte, sie sei eine Naschkatze.

Die Mieterin von oben steckte ihren Kopf zur Tür herein.
»Kannst du mir mal sagen, wieviel Katzenstreu du wieder bestellt hast? Und wem hast du alles Bescheid gesagt, welche zu kaufen? Heute kam schon wieder ein Lieferwagen voll an.«
Irmela zuckte zusammen und sagte, sie hätte nur Christian Bescheid gesagt.
»Wer's glaubt! Wehe, wir müssen die Säcke wieder bei uns lagern, weil du wie immer zu viel bestellt hast«, drohte die Nachbarin und schlug die Tür zu.
»Ich geb' dir ein bisschen Taschengeld«, flüsterte Irmela mir zu, drückte sich aus ihrem Sessel und bat: »Sag es niemandem, dass ich dir Geld gegeben habe.«
Sie schob sich mit der Gehhilfe zur Anrichte, öffnete eine Schublade, holte ihren Geldbeutel heraus und gab mir einen blauen Schein. Ich faltete ihn klein und steckte ihn in meine Hosentasche. Ihre Beine zitterten, als sie sich wieder in den Sessel fallen ließ.
»Wo ist nur die Zeit geblieben«, sagte sie und schüttelte ihren Kopf.

Im Fernsehen lief die Zusammenfassung einer Telenovela. Schemenhafter Spontansex. Kein nacktes Fleisch zu sehen. Happy End. Musik für Barbiepuppen im Abspann. Auf der Mattscheibe spiegelten sich unsere Gesichter.

Das Lied mit den Höllenglocken

Manchmal ist es gut, die Sicht auf die Dinge umzudrehen. Ich stand am Kanalufer unter einer der Trauerweiden und schaute durch meine Beine. Ein Hund sprang auf mich zu, schnüffelte, rieb die Nase an meiner und lief weiter. Ein Stöckchen landete auf meinem Rücken. Ich fing zu schreien an.
»Du benimmst dich, als ob der Himmel einstürzen würde!«
Ich sah auf Füße und Beine, die über Kniehöhe meinem Blickfeld entschwanden.
»Woher willst du wissen, ob er nicht einstürzt, der Himmel«, sagte ich und heulte. Der Mann war ganz in Grün gekleidet, das Innere seiner Hosentaschen nach außen gekehrt. Es war mit Bildchen von Tieren und Motoren beklebt. Er kreischte irgendwas von Höllenglocken und begann mit dem Stöckchen auf meinem Rücken ein Lied zu trommeln.
»Und doch stürzt er ein, der Himmel, und genau so stürzt er ein, der Himmel und wegen Leuten wie dir stürzt er erst recht ein«, jammerte ich. Durch diese weder bestellte noch bezahlte Therapiemaßnahme wechselte ich ungewollt die Perspektive, bog mich nach vorne und wieder aufrecht. Er unterbrach sein Spiel und wir guckten uns in die Augen.
»Dein Gesicht ist viel weicher als das meines Nachbarn«, sagte ich und streichelte wie verzaubert über

sein makelloses Kinn. Er fummelte mir an der Stirn herum und hielt mir ein ovales Stückchen Schorf vor die Nase.
»Pickel gequetscht?«

Dann hob er seinen linken Arm hoch. Er hatte Arme, die dünn wie Mikado-Stäbe waren und flink genug, um einen Kolibri zu imitieren. Ich setzte mich auf eine Schaukel und sah ihm zu.
Ein Stöckchen fiel auf meinen Kopf.
»Und doch stürzt er ein, der Himmel, und wie er einstürzt, und genau jetzt und an dieser Stelle«, brüllte ich und sah vor lauter Ästen das Blaue nicht mehr. Eine Ich-AG, seit einiger Zeit im Auftrag der Bundespost unterwegs, stoppte ihren Lieferwagen vor der Schaukel. Sie öffnete erst ihre, dann die Beifahrertür, ein Hund sprang heraus.
»Was brüllst du so?«, fragte mich die Ich-AG.
»Gleich stürzt der Himmel ein!«
Die Ich-AG legte ihren Kopf in den Nacken und guckte nach oben.
»Hier stürzt nichts ein«, versuchte sie mich zu beruhigen.
»Du musst mit einem Stöckchen auf ihrem Rücken trommeln und das Lied mit den Höllenglocken dazu singen, dann kriegt sie sich wieder ein!«, rief der Mann, der einen Kolibri imitierte, vom Kanalufer zu uns herüber.
Die Ich-AG nahm ein Stöckchen und schlug mir damit auf den Rücken herum, dazu sang sie das Lied mit den

Höllenglocken. Mir wurde schwarz vor Augen, dann grün, es flimmerte und dann war es gut.

Der Hund der Ich-AG schleppte einen Beutel heran. Den Beutel kannte ich, er gehörte einem der drei Männer, die ihr Morgenbier am letzten Briefkasten der Straße tranken. Die Ich-AG kannte die Herren auch, sie hatten im vergangenen Jahr einen gemeinsamen Existenzgründerkurs besucht, sich aber aus den Augen verloren und erst gestern am Briefkasten wiedergefunden.
»Das war ein Wiedersehen«, berichtete die Ich-AG vor Freude strahlend. »Sie haben ihre Getränke in einem Zug heruntergespült, die leeren Flaschen für mich klirren lassen, gegen den Briefkasten getreten und gesungen: Hartz vier, das sind wir!«
»Das singen die immer«, sagte ich gelangweilt, und dass die drei im Anschluss von der Uraufführung der für Blinde speziell synchronisierten Fassung von »Golden Eye« schwärmen würden.
»Die sind wenigstens am Puls der Zeit«, erwiderte die Ich-AG eingeschnappt. Der Mikado-Mann tanzte ärmchenschlagend auf uns zu. Er war außer Atem, hatte Schweißflecke auf seinem Goodyear-T-Shirt und seine Hände zitterten.
»Ein toter Schwan treibt im Kanal«, flüsterte er erschreckt.
»Das ist eine Taube, du Blödmann!«
»Diesen Moment werde ich nie festhalten können«,

sagte die Ich-AG und legte ihre Arme vorsichtig um die Lenden des Mikado-Mannes. Der lehnte sich an die Ich-AG, stopfte seine umgestülpten Taschen in die Hose und wischte sich den Schweiß von der Stirn. Der Ich-AG-Hund schüttelte den Beutel zwischen seinen Zähnen. Weil der Beutel leer war, fiel nichts heraus, aber mir in diesem Augenblick wieder ein Stöckchen auf den Kopf.
»Der Himmel stürzt ein!«, schrie ich wieder.
»Bück dich«, sagte der Mikado-Mann.
Die Ich-AG nahm Hund und Beutel, stieg in den Lieferwagen, griff unter den Vordersitz und warf ihren Businessplan aus dem Fenster.

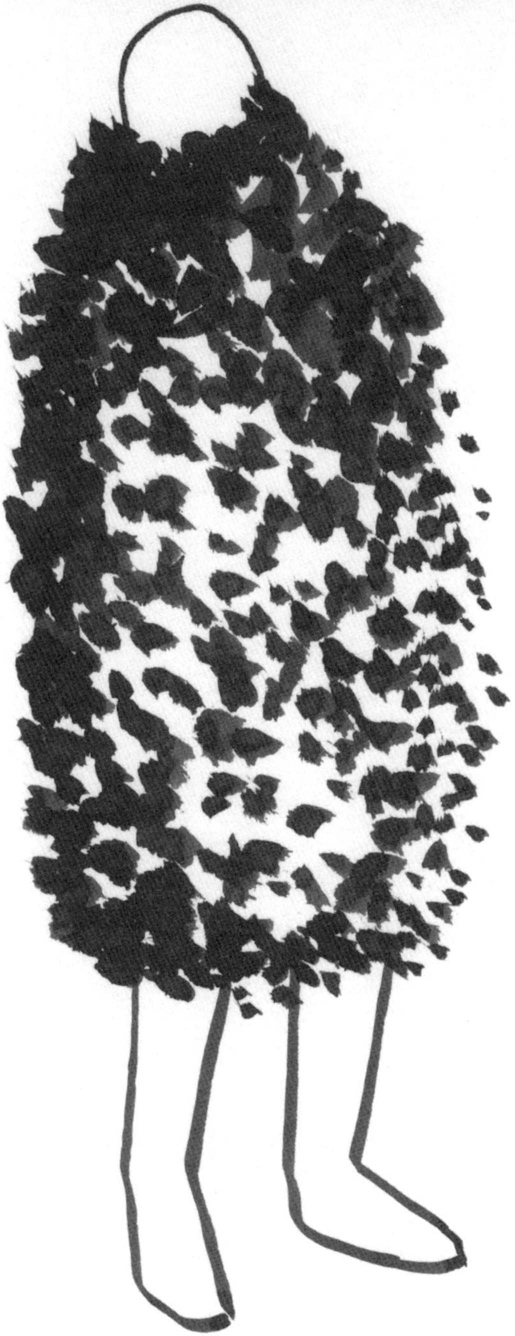

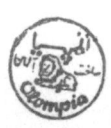

Tiere im Fell

Die Kunstausstellung schloss mit einer Finissage. Die Höhe der Besucherzahlen sei so etwas wie das achte Weltwunder gewesen, hieß es in Presseberichten. Massen von Menschen schoben sich heute zum letzten Mal durch die Gänge.
Ich hatte mich nach draußen verzogen und rauchte. Ein Typ, den ich schon auf der Vernissage vor drei Monaten hier kennengelernt hatte, stand auch dort. Er trug einen langen Bart, und der Mann, mit dem er quatschte, auch. Mein Bekannter fasste in den Bart seines Gegenübers und zog etwas hinaus. »Is' bestimmt Seife«, mutmaßte er. »Na hoffentlich«, kommentierte ich skeptisch. Die beiden grinsten. Und ich erzählte, dass ich morgens einen Bericht über Keime, Bakterien, Ungeziefer und darüber, was sich sonst noch in dem Gesichtsfell verstecken konnte, gehört hatte. Der eine lachte, der andere war still. Bislang war mir nur die Keimübertragung durch Schlipse von Ärzten bekannt, ergänzte ich weiter und begann einen Vortrag über Killerkeime zu halten. Mittendrin fingen die beiden Typen an zu brummen und rannten weg.

Ich trat die Zigarette aus, nahm meinen Koffer und den Rucksack aus dem Schließfach, verließ das Veranstaltungsgelände und fuhr mit der Straßenbahn zum Bahnhof.
Der Zug war voll und es war heiß. Ich nahm gleich hinter

der Einstiegstür auf dem Boden Platz, quetschte mich und mein Gepäck so an den Rand, dass die anderen Passagiere vorbei konnten, ohne dass ich zur Seite rücken musste. Die Schaffner hatten ihre Uniformjacken ausgezogen und die Hemdsärmel aufgekrempelt. Reisende aus Wagen 21 zogen durch die Gänge. Sie hatten ihre Plätze verlassen müssen, weil die Klimaanlage ausgefallen war. Anweisung vom Schaffner. Gemecker, Schweißgeruch und Müll überall. Ich hustete und in meinen Füßen begann es zu kribbeln. Luft zum Schneiden dick. Mein Handy klingelte.

»Das mit dem Abholen krieg ich hin«, sprach Herr Köllner hinein. Ihm und seiner Frau gehörte eine Pension nahe meinem Heimatort. Dort wollte ich für einige Tage Station machen. Er fragte, ob ich ihm nach meiner Ankunft behilflich sein könnte. Seine Frau war auf Reisen und es ging um einen Transport.

»Natürlich helfe ich«, antwortete ich.

In Uelzen stieg ich um und setzte meine Reise in einem Regionalzug fort. Vom Fenster aus sah ich eine Mauerzeichnung am Bahnhof in Soltendieck. Ein Pfeil, der auf eine Treppe zeigte, die hinabführte. »Hell« stand neben dem Pfeil. Öde ist Hölle, dachte ich, schulterte Rucksack und Tasche, nahm den Koffer in die Hand und verließ in Wittingen den Zug. Herr Köllner wartete schon am Bahnsteig.

»Na, so ganz taufrisch sind Sie aber auch nicht mehr.«

Ich wischte mir mit dem Hemdzipfel den Schweiß von der Stirn und wuchtete mein Gepäck in Köllners Auto. Das Köllnersche Grundstück lag auf einem Berg abseits vom Dorf, in dem ich geboren war. Hier kam außer den Bauern, die die Äcker bewirtschafteten und Menschen mit Hunden kaum jemand vorbei. Der Rasen vor dem Haus hatte braune Stellen, ein Gartenschlauch lag an den Rosenbeeten und Feuerholz war neben dem Hauseingang gestapelt. Maispflanzen versperrten die Sicht auf den nahegelegenen Waldrand.

Ich stellte mein Gepäck auf der Veranda ab, stieg wieder ins Auto, und wir fuhren ins Dorf zu einem Haus, über dessen Eingangstür das Geweih eines Sechzehnenders thronte. Hier wohnte Herr E., ein Freund Köllners und passionierter Jäger, der seinen linken Arm im Krieg verloren hatte. Der fehlende Arm hatte ihn jedoch nie von der Jagd abhalten können – obwohl er seit dem Verlust nicht nur ein Gewehr sondern auch eine Astgabel brauchte, auf der er schweres Geschütz ablegen konnte, um zu zielen. Seinen Jagdschein hatte er in den fünfziger Jahren gemacht. Franz Joseph Strauß war im gleichen Kurs gewesen. Der Südkreis war bekannt für günstige Prüfungsgebühren, einfacher als die Prüfungen in anderen Gebieten waren sie auch, das wußte Herr Köllner, für den die Jagd nie ein Thema gewesen war.

Die Haushälterin öffnete uns die Haustür.
»Herr E. is unt in Keller und teuwt schon upp'n Beseuk.«

Eine schmale Steintreppe führte nach unten. Dort saß Herr E. und hörte nicht, wie wir den Raum, der mit diversen Jagdtrophäen dekoriert war, betraten. Die Wände waren mit Teilen und Häuptern von exotischen Tieren bestückt: Ein Walrosskopf samt Bruststück, mit Schimmel an der Schnauze und Barthaaren hart wie Kaktusstacheln. Daneben hing der einen halben Meter lange Penisknochen des Tieres, außerdem noch Bockplatten mit Köpfen von Blessbock, Impala und Karibu. Auf den Tischen lagen Anordnungen mit abgeschnittenen Hufen von namibischem Wild.

Herr E. schlief in dem Stuhl neben einem Schrank aus Eichenholz. Vorsichtig legte Herr Köllner eine Hand auf den rechten Arm des Freundes. Herr E. wachte auf, deutete auf das Bärenfell am Boden, das zu Lebzeiten ein stattlicher Grizzly gewesen war, und sagte verschlafen: »Doa sünd Motten in.«
Jetzt sah ich sie auch dicht über dem Fell herumflattern. Herr E. hatte sich bereits erkundigt, wie mit dem Ungeziefer verfahren werden musste, um es samt Brut zu vernichten. Einfrieren war die Lösung. Seine Gefriertruhe bot dafür jedoch nicht genügend Platz, außerdem lag schon ein kleineres Fell von einem Braunbären darin, sagte er. Den Wolfspelz sollten wir auch noch mitnehmen, bat er und zeigte auf das Fell in der Ecke, das an der Stelle, an der mal ein Auge gewesen war, an einem Wandhaken hing. Beides musste vor dem Einfrieren in eine Plane gewickelt werden.

Herr E. hatte den Grizzly vor einigen Jahren in Alaska erlegt. Gemeinsam mit einem anderen Jagdfreund war er dorthin gereist. Vorher hatte er die Reise und den bevorstehenden Abschuss bezahlt und für letzteren die Erlaubnis eingeholt.

»Bären sind eines der größten Wunder in der Natur. Wenn man einmal gesehen hat, wie eine Bärin nach dem Winterschlaf mit ihrem frischgeborenen Nachwuchs zum ersten Mal die Höhle verlässt ... Das vergisst man nie wieder«, erinnerte er sich und seine Gedanken schienen in weite Ferne gerückt zu sein.

Ein abgeschossenes Wunder wurde nun gerade von Herrn Köllner mit dem Zollstock vermessen. Das Wunder war drei Meter lang und zwei Meter breit.

»Der Bär, den mein Jagdfreund schoss, war noch größer als dieser«, sagte Herr E.

»Also gibt es auch bei Wundern eine Steigerungsform«, erwiderte ich. Herr E. hörte mich nicht, denn um sich Gehör zu verschaffen, musste man dicht an sein rechtes Ohr heran. Er hielt dann seine Handfläche dahinter, so als wollte er verhindern, dass die Worte unbenutzt hinter seinem Kopf verschwanden. Der Preis, die Distanz zugunsten der Verständigung aufzugeben, war mir zu hoch.

»Wie weier dat in Alaska? Hat dat lange duurt, bet de Bär schoaten weier?«, fragte Herr Köllner, der nicht so ein Näheproblem hatte wie ich und dicht an Herrn E. getreten war.

»Wir waren in einer Hütte im Wald direkt an einem See untergebracht. Das Außenklo war von den Bären zerstört worden und in der Hütte Bärenspuren. Unser Jagdbegleiter versicherte uns aber, dass die Nacht ruhig bleiben würde. Als wir am nächsten Morgen aus der Hütte traten, sah ich den Bären sofort. Ein mächtiges Tier. Es stand am anderen Ufer des Sees, ungefähr 150 Meter von uns entfernt. Dann ging alles sehr schnell, um ehrlich zu sein, ging es mir zu schnell, und zu einfach war es auch. Ich feuerte nur einen Schuss mit einer Acht-Millimeter-Kugel ab. Der Bär schüttelte sich. Wasser spritzte aus seinem Fell. Die Tropfen glitzerten im Morgenlicht. Eine prachtvoller Anblick! Dann ging das Tier zu Boden. Unser Jagdbegleiter zog ihm das Fell ab. Da lag dann ein großer weißer Haufen. Das war der Speck über dem Fleisch, den der Bär sich für den bevorstehenden Winter angefressen hatte.«
»Das Fleisch habt ihr nicht mitgenommen?«, fragte Herr Köllner und ich wußte, dass er für mich fragte, damit ein Bild entstehen konnte.
»Nein. Das blieb da. Möglicherweise waren da Trichinen drin. Eingepackt wurde nur das Fell samt Kopf. Das sind die eigentlichen Trophäen. Der Rest war den Artgenossen zum Verzehr bestimmt.«

Um das Gewicht des Felles zu prüfen, hoben Herr Köllner und ich es an. Die Plane für den Transport musste stark sein, das Fell war schwer.
»So ist das mit Wundern, gerade mal ein Haufen

Fett bleibt übrig und dann verputzen sie sich selber«, murmelte ich, als wir im Auto saßen und auf dem Weg zum Baumarkt waren, in dem wir die Plane besorgten.

Wieder zurück im Keller beäugte ich den Kopf vom Bären genauer. Sein Maul war geöffnet, die Zunge glänzte, sie schien feucht zu sein. Ich nahm den Kopf in meine Hände. Irgendetwas darin klapperte. Lose Zähne? Ich schüttelte den Bärenkopf. Es klimperte. Die Zunge bewegte sich. Vor Schreck liess ich den Kopf fallen. Herr Köllner lachte. Ich nahm den Kopf wieder hoch und zog mit den Fingern an der Zunge. Meine ganze Hand im Maul. Ich zog sie wieder heraus. Der Bär starrte mich an. Die Zunge war hart und fest. Eine tote Zunge. Unter ihr schimmerte etwas Metallenes. Ich griff noch einmal in den Rachen. Unter der Zunge lagen drei Schlüssel.
»Geben Sie mal her«, sagte Herr Köllner. Ich zog sie hervor, fühlte tierischen Speichel am Handgelenk, aber da war gar nichts.
Herr E. döste auf seinem Stuhl. Was Herr Köllner wohl mit den Schlüsseln wollte?
Er guckte sie sich genau an, grinste dann spitzbübisch und öffnete die Türen des Eichenschranks damit. Drinnen hingen einige Flinten und Büchsen, lagen Schächtelchen mit Patronenhülsen und ein paar Bürsten. Herr Köllner verschloss den Waffenschrank wieder und legte die Schlüssel auf ein Bord, auf dem ein Gazellenhorn lag, um das eine Kordel gebunden war. Anschließend

falteten wir das Fell wie ein Kleidungsstück zusammen und wickelten es in eine Plane ein. Motten stoben auf. Dort wo es auf dem hellen Teppich gelegen hatte, war eine braune Umrisslinie – wie die Kennzeichnung eines Opfers am Tatort.
Ich nahm den Haken aus dem Wolfsaugenloch und betrachtete das Fell in meinen Armen. Löcher waren darin. Panisch warf ich es auf den Boden, da war sicher noch etwas anderes als Motten am Werk. Killerkeime.

«Deern, da sitt doch bloß Motten in«
»Solche Löcher fressen die da rein?« Ich war verblüfft.

Herr E. schwieg vielsagend. Herr Köllner wollte es genau wissen und fragte, ob der Mottenfraß wirklich solche Löcher im Fell hinterlassen hatte. Herr E. erklärte, dass diese Löcher nicht vom Ungeziefer kamen. Sie stammten vom Metallschrot in Hülsen, das beim Abschuss gestreut hatte, als es in das Tier hineingejagt worden war. Übrigens auch in Alaska. War aber schon länger her.
»Wie'n Streuselkauken«, kommentierte Herr Köllner trocken und ich wickelte das Fell in die Plane, brachte es hoch zum Auto und legte es aufs Dach.

Herr Köllner klebte die Plane, in die der Bär eingepackt war, bereits zu, als ich wieder unten ankam. Gemeinsam schleppten wir das Paket hinaus und knickten es vor dem Verstauen in den Kofferraum noch einmal in der Mitte. Darüber kam der Wolf. Mittlerweile hatte die

Dämmerung eingesetzt.
Vor dem Kühlhaus wartete Winfried, der Kühlhausbevollmächtigte, schon auf uns. Gleißendes Neonlicht empfing uns, als wir eintraten.
An der gekachelten Wand des Vorraumes hing ein totes Reh an einem Schlachterhaken durch die Kehle. Darunter hatte sich eine Blutlache gebildet. Im nächsten Raum waren Regale angebracht, in denen Lebensmittel in kleinen und großen Beuteln lagerten. Dahinter kam die Frostkammer. Die war winzig. Wir stopften den Bären hinein und er schien darin zu sitzen, so als ob er auf irgendetwas wartete. Seine Augen funkelten durch die Plane hindurch. Hastig legte ich den Wolf in seinen Schoß, und Winfried schob den Riegel vor.
Einige Tage später holten wir die Felle wieder ab.
»Eh de wär inne Stuw koamt, mööt de orntlich uttkloppt und uttschüttelt warn. De Motten und dat anner Krupptüüg is woll dood, öwer dat is bäder, wenn dat alles butten bliebm daht«, empfahl Winfried.

Der Teppich im Keller war gereinigt, als wir die Felle zurückbrachten. Dass der Liegeplatz des Felles einmal darauf gekennzeichnet gewesen war, sah man kaum noch, und Herr Köllner grummelte in seinen Bart: »So is dat mit Wunner, bald nix mehr von tau seihn, nich moal de Stää wo dat wän is.«

Über das Verschwinden

Ein Sommeratelier. Das war mein Atelier in Moabit. Der Weg von Neukölln dorthin führte an Urbankrankenhaus, Prinzenbad und Amerikanischer Gedenkbibliothek vorbei. Vom Halleschen Tor zum Willy-Brandt-Haus, Tempodrom, Potsdamer Platz. Hinter der Philharmonie in den Tiergarten biegen, über den 17. Juni, dann am Schloss Bellevue und der Moabiter Jugendvollzugsanstalt entlang. In einem der Straßenbäume dort hing seit Jahren eine Jacke. Die werde ich genauso vermissen wie die Eisblumen, die an den Fensterscheiben wuchsen, sobald die Außentemperatur unter Null fiel. Ich werde ihn vermissen, den grasbenebelten Typen, der unter mir lebte, auf der Treppe Haikus rezitierte, Transparente mit mir unverständlichen Buchstaben- oder Zahlenreihen malte und debil strahlte, wenn ihm ein A besonders gut gelungen war.

Und ich dachte an meinen Vormieter, und wie ich damals, beim Einzug vor sieben Jahren, die vor die Fenster genagelten Spanplatten entfernte. Der nagelte alles, der hatte sogar das Klo angenagelt und anstelle der Zimmermannsnägel drehte ich beim Renovieren 180 mm-Spaxschrauben in die Holzdielen. Die kaputtgefrorenen Rohre, von denen die Vermieter nicht wissen durften, weil sie auch nicht wussten, dass dort überhaupt Wasser durchfloss, jedenfalls im Sommer, denn im Winter herrschte allgemeiner Notstand, das alles wird mir fehlen, genauso wie die dazugehörige Blasenentzündung.

Nun hockte ich zwischen Kartons, Leinwänden verpackt in Noppenfolie, Kisten mit Werkzeug und Glas, Farbkanistern, Eimern und hatte den größten Teil meiner Arbeiten für den Umzug transportfähig gemacht. Dann stand ich auf und guckte mich im Spiegel an. Blaugefrorene Lippen. Der Reißverschluss meines Secondhand-Skianzuges von Humana war defekt und der Latz wurde provisorisch von einer Sicherheitsnadel zusammengehalten. Weil ich drei Pullover darunter trug, klaffte er über dem Bauch auseinander und schloss sich erst zum Ende hin wieder. Ich stemmte die Hände in die Hüften und bog mein Kreuz nach vorne.

Ich verlottere, dachte ich erschreckt und mir kam der Gedanke, dass sich mit einem neuen Arbeitsraum auch mein Leben verändern könnte. Die Sicherheitsnadel sprang auf.
Ich ergriff die Flucht und huch! – fast wäre ich über den Pyromanen aus dem ersten Stock gestolpert, der im Treppenhaus zündelte. Aus der geöffneten Tür zu seiner Werkstatt schlug mir ein beißender Gestank entgegen. Ob ich ihm und seinen Katzen auch irgendwann nachtrauern würde? Eine der Katzen rubbelte ihren Kopf an meinem Bein. Flohschleuder. Der Zündler versuchte, feuchte Späne in ein Lagerfeuer zu verwandeln. Es roch nach Schwefel. Im vergangenen

Frühjahr hatte er es fast geschafft, das Gebäude, in dem ehemals Drechsler und Tischler arbeiteten, abzufackeln. Ein großer Rußfleck im Eingangsbereich erinnerte mich daran, als ich die Stufen hinunterstieg.
»Hast du ein Feuerzeug?«, rief der Pyromane mir nach. Bloß nicht umdrehen. Ich ging über den Hinterhof durch den frisch gefallenen Schnee.

»Dich wollte ich gerade besuchen!« Vor mir tauchte der Klempner auf, den ich seit über drei Jahren nicht gesehen hatte. Er trug eine schwarze Cordhose, Schuhe mit Stahlkappen.
Ob der hoffte, dass die Kälte meines Ateliers auch meinen Zustand tiefgefroren hatte? »Verzieh dich, du Arsch«, sagte ich und dachte, dass es eigentlich besser sei, er würde bleiben. Er stellte einen Metallkoffer vor meine Füße. »Für dich«, sagte er und öffnete ihn. Ich nahm eine Rohrzange heraus und probierte eine Reißverschlussreparatur. Der Klempner bückte sich und suchte nach einem eisernen Verbindungsstück, mit dem er den Flaschenzug, der außen am Gebäude neben meinem mittleren Atelierfenster hing, funktionstüchtig machen konnte. Er stieg die Feuerleiter hinauf, befestigte die Metallplatte mit Nieten und rief, ich solle den Koffer an den Haken des Stahlseils hängen. Das tat ich, lief dann die Treppen zum Atelier wieder hoch, schloss die Tür auf, öffnete das Fenster und nahm den Koffer vom Haken. Test bestanden. Der Klempner rutschte aus, als er die Leiter hinunterkletterte.

Im Schnee breitete sich eine Lache aus, und er lag dort wie Malerei. Und Malerei, das dachte ich wieder einmal, ist doch schon lange überholt. Nichts als Vertuschung von Wirklichkeit.
Ich machte das Fenster zu, verriegelte die Tür, ging hinunter und gab dem Pyromanen mein Feuerzeug.

Es hatte wieder zu schneien begonnen. Mit den Fingern zeichnete ich feine Gräben in den weißen Grund, da lief die rote Farbe rein und versickerte, bevor sie bedeckt wurde. Als Kind wollte ich Eiskunstläuferin werden. Ein Wintergedanke, an den ich mich erinnerte, wie an den Geruch von Perlonstrumpfhosen, den ich liebte, damals, als ich noch wie Denise Bielmann sein wollte.

Die Kälte machte mich hungrig. Ich lief über Stephansplatz und Stromstraße in Richtung Markthalle. Drinnen suchte ich nach einem Geschenk für einen Welpen, den Freunde vor ein paar Tagen vom Züchter geholt hatten. Welches der hier an Strippen hängenden Latex-Tiere ich nehmen solle, fragte ich die Verkäuferin vom Tierbedarfsstand. Die Frau empfahl mir ein Schwein in Größe S. Es lag platt auf dem Bauch und streckte die Pfoten von sich.

»Damit der Kleine keinen Schreck bekommt«, sagte sie und gab mir noch eine Tüte voll Umsonstwelpenfutterproben.

Ein Mann in zerlumpter Kleidung rannte an mir vorbei und schrie, er habe seine Insulinspritze zu Hause vergessen, er brauche Platz und Bier. Ich trat einen Schritt zurück und drückte Quietschlaute aus dem Plastikschwein.
Plötzlich stand eine ältere Frau vor mir am Ladentisch, sie war einen Kopf kleiner als ich, und ich konnte über ihre Schulter hinweg in ihr Portemonnaie gucken. Ein Farbbild von Lady Di und einem älteren Herrn steckte im Klappfach hinter der Klarsichtfolie.
»Sind Aale eigentlich gefährliche Tiere?«, frage ich sie.
Sie erschrak und bat mich, unser Gespräch vor die Markthallentür zu verlegen. Ich bezahlte, nahm einen Schluck Kaffee und stellte mich zu der Dame auf den Bürgersteig.
»In einer Fernsehshow, die im Dschungel spielte, wurde behauptet, dass diese Fische gefährlich sind. Sind Aale eigentlich Fische? Die können doch über Wiesen kriechen und einen Fluss mit dem anderen verbinden. Oder einen Bach mit einem Fischteich?«, fragte ich.

Die Dame schwieg. Sie schaute nach unten und kaute an ihrer Unterlippe. Um mich bemerkbar zu machen, hüpfte ich auf einem Bein.
»Mit der Geburt meines Sohnes bin ich gläubig geworden und in die Kirche eingetreten«, sagte die Dame.
»Sicher sind Sie schon lange gläubig.«
Die Dame nickte und verschwand. Und jetzt? So hatte ich mir meinen letzten Tag in Moabit nicht vorgestellt.

Gab es einen Beweis, dass ich überhaupt hier gewesen war? Und war etwas von meiner Hinterhofzeichnung übrig geblieben? Ich nahm eine Schrippe aus der Tüte, bohrte ein Loch hinein und guckte durch.

Die Ansicht war beschränkt und mein Blick fiel auf einen Mann, der mir den Rücken zuwandte und an die Mauer der Markthalle pinkelte. Viel anders als in Neukölln war es hier auch nicht, nur, dass die Armut in Moabit eine leisere war.

Sonderangebote im Warenhaus. Im Dicken Engel setzte ich mich mit dem Rücken zum Spiegel auf die Bank an der Wand, blätterte in Zeitschriften, bestellte Brokkolisuppe und tunkte den Finger ein. Der Sahneklacks zog Schlieren.

Dann las ich einen Bericht über einen argentinischen Unternehmer. Wegen Personalmangel standen die Kassenbänder seiner Lebensmittelläden still, sobald eine der Kassiererinnen auf dem Klo verschwand. Deswegen hatte der Chef ihnen Windeln für Erwachsene verordnet. Ich rührte in meiner Suppe. Der Kellner legte mir ein Pixibuch neben den Teller.
»Eine Geschichte über sterbende Fledermäuse«, sagte er, »schenk ich dir, du siehst aus, als ob du es gebrauchen könntest.«
»Hast du nichts über Winterschläfer?«, fragte ich ihn.
Er schüttelte den Kopf und kassierte. Schichtwechsel.

Leise Hintergrundmusik. »By the way, I tried ...«
Ein Typ, der schon vor mir da gewesen war, nahm am Nachbartisch neben einer Frau Platz.
Mir fiel keine passende Übersetzung ein. Die Frau telefonierte, lachte laut und beachtete ihn nicht weiter, oder doch? Er packte ein Notizbuch auf den Tisch und kritzelte hinein.

Ich ging zum Zeitschriftenstapel neben der Theke, und im Vorübergehen streifte ich den Arm des ausgewechselten Kellners.
»Heute ist Blind-Date-Tag«, empfahl er mir.
»Auch das noch. Ich denke gerade über das Verschwinden nach.«
»Und? Wo willst du hin?«, fragte der Kellner.
»Keine Ahnung«, antwortete ich.

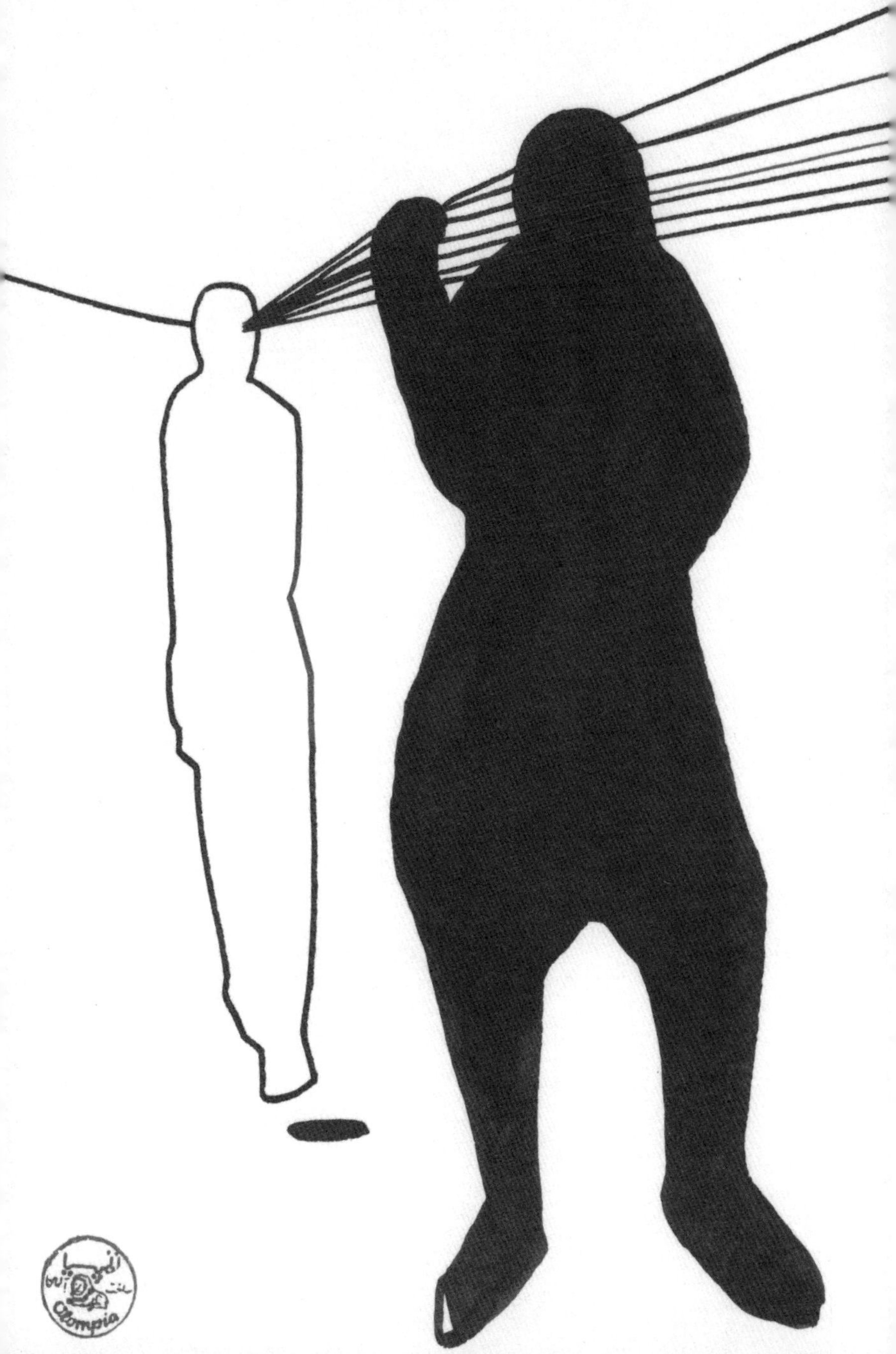
Olympia

Hin und weg

In Wolfsburg schien die Morgensonne. Der BMW parkte am Cinemaxx gegenüber vom Bahnhof, und Johann Köllner blieb sitzen, wie er es immer tat, wenn ich mein Gepäck ins Heck seines Wagens lud.
»Neuigkeiten?«
»Paul Hampel ist vor zwei Wochen gestorben, umgefallen, nachdem er aus der Kirche kam. Lag anschließend drei Tage bewusstlos im Krankenhaus, und da ist er eingeschlafen. Auf seiner Beerdigung erfuhren wir, dass auch Herr Braamcke, Leiter des Hochbauamtes, tot ist. Die Familie hat ihn heimlich und ohne öffentliches Aufsehen beerdigt. Wenig später ist der Mann von Charlie plötzlich und unerwartet im Urlaub erstickt. Sie saß mit ihm beim Essen und nahm an, er hätte sich an einer Gräte verschluckt, als er röchelnd auf den Teppich fiel. Bei der Obduktion stellte sich heraus, dass keine Gräte, sondern eine im Hals geplatzte Krampfader todbringend gewesen war.«

Charlies Mann war nur einige Jahre älter geworden als ich jetzt war. Vor zwanzig Jahren hätte er gerne die Werkstatt meines Vaters und die Speisekammer meiner Mutter übernommen. Ganz nebenbei hätte ich seine Frau werden können, doch ich zog fort von hier.
»Sonst keiner gestorben?«
Johann Köllner schüttelte seinen Kopf und nahm sich ein Pfefferminzbonbon von der Ablage. Die restliche

Strecke legten wir ohne Worte zurück. Als der Wagen an der Pension in meinem Heimatort hielt, stand Frau Köllner, die Wirtin, vor der Tür. Sie trug eine Gartenschürze, und neben ihr saß der Pensionshund mit einem am Halsband befestigten Plastiktrichter, der seinen Kopf verbarg. Frau Köllner steckte eine Gartenschere in die Bauchtasche ihrer Schürze.
»Was haben Sie denn mit dem Hund gemacht?«
Der Hundekopf blieb unsichtbar.
»Der hat ein Leck-Ekzem. Frisst sich selber auf.«
Sie befahl »Platz!« und kippte den Hund auf die Seite.

»Ich fahre mit Johann für ein paar Tage in die Hauptstadt«, sagte sie und bat mich, in ihrer Abwesenheit die Pflege des Hundes zu übernehmen. Auf der Garderobe im Flur, neben der Treppe zu meinem Pensionszimmer, standen die dazu nötigen Medikamente.
»Bitte zweimal täglich diese Tabletten in einen Zipfel Kalbsleberwurst drücken. Und achten Sie darauf, dass der Hund die Tablette nicht ausspuckt. Hydrocortisol-Salbe dreimal täglich schmieren. Der Arzt hat die Wunde ausrasiert. Die Wunde vor dem Einschmieren mit einem Küchentuch reinigen. Hier sind Handschuhe, die Sie nach der Behandlung abspülen und ein weiteres Mal benutzen können. Sollte die Wunde bis Freitag nicht geheilt sein, werden Sie bitte beim Tierarzt vorstellig.«

Ich nickte und stellte mein Gepäck im Flur ab. Der Tisch im Kaminzimmer war gedeckt. Es roch nach frischem Apfelkuchen. Dazu Holunderlikör aus kleinen Gläsern, Reste mit der Zunge auslecken.

Frau Köllner öffnete eine seitliche Klappe an ihrem Schreibsekretär aus Kirschbaum und legte einen Ordner neben meinen Teller.
»Der Ordner liegt hier oben links. Hier finden Sie die Liste der Sargträger, falls jemand stirbt, während ich nicht da bin. Achten Sie bitte von Zeit zu Zeit auf Fax-Eingänge. Es könnte eines vom Bestatter des Nachbarortes dabei sein, der einen Todesfall an mich weitergibt. Bitte informieren Sie dann Burkhard Nebel. Er wird die Organisation während meiner Abwesenheit übernehmen.«
Ich nickte und schob mir das letzte Stück Kuchen in den Mund.
»Dieses Jahr waren es bislang nur drei Tote. Im letzten Jahr ein ganzes Dutzend!«
»Ich werde auf eingehende Faxe achten und gegebenenfalls Burkhard informieren. Wann fahren Sie?«
»In einer Stunde. Ich zeige Ihnen noch, welche Blumen gegossen werden müssen.«
Sie machte die Glastür zum Wintergarten auf. Ich notierte alles und ging dann ins obere Stockwerk, um mein Gepäck zu verstauen. Im Einbaukühlschrank lag eine Tüte mit Weingummis. Ich steckte ein paar in den Mund, machte ein Fenster auf und guckte über die Felder hinterm Haus. Die Ölpumpe am Waldrand stand still. Sie war eine der letzten, die noch gefördert hatten.

Unter meiner Heimat war ein großes, ausgepumptes Loch. Irgendwann kracht auch hier die Welt zusammen, dachte ich, und mein Blick blieb an einem bunten Haufen Eichenlaub kleben, das sich in der Dachrinne unter meinem Fenster gesammelt hatte.

Wieder unten auf dem Parkplatz drückte Frau Köllner mir einen Zettel mit Hotelanschrift und ihrer Handynummer in die Hand, dann befahl sie Herrn Köllner, mir Geld für Hundefutter hier zu lassen. Der zückte seine Brieftasche und zog einen 50-Euro-Schein heraus.
»Das sollte reichen«, zwinkerte er mir zu und flüsterte, dass er nur reise, um sich wieder auf zuhause zu freuen. Dann fuhren sie.

Der Hund glotzte dem Auto hinterher. Was, wenn der sich nicht von mir behandeln ließ? Ich schob ihn mit beiden Händen zurück in den Flur.
Das Telefon klingelte. Bestimmt war jemand gestorben.
»Uck moal wär doa?«, fragte Martha Funk und erzählte, dass der Sohn meiner ehemaligen Nachbarn jetzt mit der Frau einer meiner Jugendlieben verbandelt sei, und die Ex-Freundin einer Landaffäre, von der ich angenommen hatte, sie wäre geheim geblieben, mit dessen bestem Freund, der wiederum ein Verhältnis mit der verheirateten Apothekerin aus dem Nachbarort habe. Vom wem das Apothekerkind sei, das stehe in den Sternen, das sehe keinem der beiden Männer ähnlich,

der Frau auch nicht. »Hat wohl der Kuckuck reingelegt«, fügte sie hinzu und wollte von mir wissen, bei wem der Krankenwagen vorhin gehalten habe.

»Haste nich mitkräg'n, de is doch äbend groad mit Blaulicht dörch'n Dörp joagt?!«
»Nein.«
»Dann raub ick glicks Elvira an«, sagte sie und legte auf.

Ich ging nach oben ins Bad und ließ Wasser in die Wanne laufen. Das Telefon klingelte wieder. Eine Männerstimme sagte, in seiner Firma sei gerade Leerlauf und fragte, ob seine Leute den Schornstein reparieren kommen könnten. Außerdem sei der Dachrinnenabfluss verstopft, habe ihm Johann letzte Woche erzählt. Das könne bei der Gelegenheit auch fix erledigt werden.

»Köllners sind nicht da. Haben die Reparaturen nicht bis nächste Woche Zeit?«
»Meine Leute kennen das Haus und wissen Bescheid. Ich schicke sie sofort!«
Ich drehte das Badewasser ab, schlüpfte wieder in meine Kleidung und ging nach unten. Die Handwerker waren schon da, als ich die Tür öffnete, eine Leiter lehnte am Haus. Einer der beiden krabbelte auf dem Dach herum und versuchte, einen Metallzylinder über den Schornstein zu stülpen. Passte nicht.
»Muss neu bestellt werden!«, schrie er seinem Kollegen zu. Dann machte er sich an der verstopften Rinne

zu schaffen, warf eine Handvoll Laub nach unten, und schließlich landete ein mit Zahnseide umwickeltes Knäuel benutzter Verhütungsmittel vor meinen Füssen. Ich drehte den beiden hastig den Rücken zu, bohrte mit einer Schuhspitze eine Kuhle zwischen die Johannisbeersträucher, schob das Knäuel hinein. Erde drauf. Der Hund drängelte sich an mir vorbei und rannte auf die Kartoffelscheune zu, die in einiger Entfernung vom Pensionsgrundstück lag. An der Scheune standen Klaus und Winfried. Klaus hatte einen Fuß an den Tritt des Treckers gestellt und telefonierte. Seit wann er ein Handy habe, fragte ich ihn verwundert.

»Hast woll dacht, ick kann doa nich mit snacken!«

Winfrieds Reißverschluss war kaputt. Der Hosenstall offen. Ich starrte auf den Frontlader vom Trecker. Silogeruch lag in der Luft. Klaus musterte mich eingehend, streckte seinen Bauch nach vorn, stieg auf seinen Trecker und sagte, dass er sogar im Auto eine Freisprechanlage habe. Winfried kicherte, er lasse sein Handy meistens auf dem Küchentisch liegen. Ich zergelte den Hund wieder in Richtung Haus. Die Handwerker entschuldigten sich, dass der Zylinder nicht passte.
»Da hat sich wohl einer vermessen«, frotzelte ich.
Die beiden stießen sich in die Rippen.
»Immerhin ist die Rinne wieder frei«, wieherten sie, bevor sie in ihre Pritsche stiegen.
Ich zog einen Latexhandschuh an, dann setzte ich

mich auf den Flur, drehte den Hund auf die Seite und betrachtete die kahle Stelle am Tierkörper. Ein Stück Schorf hatte sich gelöst und hing wie ein welkes Blatt über die untertassengroße Wunde. Ich pulte vorsichtig daran, der Hund fletschte die Zähne. Ich streichelte seinen Kopf, er beruhigte sich. Ich tupfte die Wunde mit Küchenkrepp sauber, schmierte Salbe drauf, zog den Handschuh aus, spülte ihn unter heißem Wasser ab, ging in die Küche, mischte Antibiotka in Tablettenform in Kalbsleberwurst, gab das dem Tier, drückte ihm die Halskrause wieder auf, kochte mir Kaffee und blätterte in der Zeitschrift »Wild und Forst«, die Herr Köllner auf dem Tisch im Kaminzimmer hatte liegen lassen.

Ein Auto fuhr auf's Grundstück, der Hund fiepte, Türen klappten. Köllners stiegen aus.

»Ich vertrag die Stadt einfach nicht. Enge, Dreck, zu viele Menschen, Gestank, Lärm. Alles viel zu viel«, stiess Herr Köllner hervor und legte seine Hände an die Schläfen.
»Dass du dich auch nie zusammenreißen kannst«, meckerte seine Frau, nahm einen Koffer und stiefelte in ihr Zimmer.

Dämmerung. Die Metropole empfing mich im anonymen Lichtermeer, und Tob stand da mit seinem typischen Bahnsteigstrahlen.
»Du bist früher zurück, als erwartet«, grinste er und

legte mir eine Plastikmonsterfingerpuppe in die Hand. »Hab den Anschluss verpasst«, sagte ich und steckte ihm das Minimonster auf den Zeigefinger.

Exoten

Seit einigen Wochen schon lebe ich am Arsch der Welt. Hinter dem Haus grast eine Herde Schafe, die sich im Schilf vor der aufsteigenden Sonne versteckt. Ein leises Rascheln und Grillengezirpe sind die einzigen Klänge, die an meine Ohren dringen. Die Äpfel des Baumes links sind klein und grün. Am Frühstückstisch stürzen sich Wespen auf die selbst gemachte Marmelade seiner Mutter. Ich puste Zigarettenqualm ins Glas und reibe mir Insektenschutzmittel über die Sonnencreme. Die Stille des Landes mag ich nicht, kann ich nicht aushalten, das Rauschen des Schilfs und das der etwas entfernteren Erlen macht mich wahnsinnig. Ich lege den Kopf in meine Hände und höre auf die Stimme, die aus meinem Kopfhörer kommt. Sie singt irgendeinen Satz mit »so much lighter«.
Aus dem geöffneten Fenster des Schlafzimmers im Erdgeschoss wehen Schnarchgeräusche auf die Terrasse. Sie kommen von dem Mann, den ich an diesen Ort begleitet habe.

Bloß weg hier. Ich gehe den kleinen Abhang hinunter auf den Rasen und versuche meinen Körper mit gymnastischen Übungen auf den Lauf vorzubereiten. Rückenstärken mit Liegestützen, in meine rechte Hand sticht eine Distel, die ich im Grünen übersehen habe. Aus dem Haus nebenan laufen Kinder an das Gatter der Schafe, wollen sie füttern, die Schafe lassen sich nicht blicken, die Kinder essen die trockenen Kekse selber und schreien mir fröhlich zu: »Heute fahren wir nach Berlin.«

Ich zupfe mein Top zurecht, streife ein Schweißband über mein rechtes Handgelenk und laufe los. Vorbei an sauber gefegten Einfahrten, Fischräuchereien und Ferienwohnungen. Einen Berg hinauf, auf Schildern Ermahnungen, nicht zu rauchen, andere zeigen ein rotes Eichhörnchen, welches den Weg als einen Wanderrundweg kennzeichnet.

»Cold water« singt Damien Rice. Schweiß läuft mir die Stirn herunter, obwohl ich erst seit fünf Minuten unterwegs bin. Ich renne an einem Plattenbau vorbei, der sich hochragend in die Dorfstruktur eingefügt hat. Ob dort noch Menschen leben? An einigen Fenstern sehe ich Vorhänge, vielleicht sind die aber auch nur Tarnung. Beim Laufen gebe ich einen grunzenden Laut von mir. Eine ältere Frau, die am Versorgungswagen des Bäckers steht (der Bäckerwagen kommt alle drei Tage hier in das Dorf, man kann dort Zeitungen der frischen Vergangenheit kaufen, wenn man sie vorbestellt hat), guckt mich irritiert an und fängt an zu lachen. Ich grinse zurück, winke zum Gruß und laufe in Richtung See. Der Feldweg ist staubig, die rechte Seite ist mit Bäumen und Sträuchern bepflanzt, da laufe ich, um mich vor der Sonne zu schützen. Auf der Hälfte des Weges, der

zum See führt, die Bahnbrücke über mir. Dahinter ein vertrockneter Rasenplatz, auf dem Volleyballnetz und Fußballtore aufgebaut sind. Etwas weiter parken Autos. Keine einheimischen Kennzeichen dabei. Ich biege rechts ab, passiere die kleine Schranke und bin am Seeufer angelangt. Menschenleer.
Ich pelle mir die Klamotten von der nass geschwitzten Haut, lege sie auf meinen iPod – halte ich die Stille aus ohne Musik? – und stopfe meine Brille in die Turnschuhe.

Was will ich hier? Ich hasse es, zu schwimmen, denke ich, als ich in den See steige, vorsichtig zuerst, dann laufe ich und ekle mich vor den Algen, die an meinen Füßen kribbeln. Ich tauche mit dem Kopf unter Wasser, verliere für einen Moment die Orientierung. Ein angenehmes Gefühl, das kühle Wasser, muss ich mir eingestehen, wundere mich darüber und drehe mich auf den Rücken. Ich paddle in die Richtung eines Stegs, der aus dem Schilf herausragt, stütze mich mit den Armen hoch. Langeweile ist kein produktives Gefühl. Die Stille könnte mein Tod sein, denke ich und bekomme einen Lachanfall. Ich kugle mich auf den Bauch vor Lachen, japse nach Luft und lasse mich wieder ins Wasser fallen. Eine große Stechfliege hat sich in meiner Schulter fest gesaugt, als ich sie herausziehe, rinnt ein kleiner Blutbach ins Wasser. In geringer Entfernung sehe ich einen exotischen Vogel schwimmen, kann ihn nicht genau erkennen, sehe nur die etwas seltsame Farbzusammenstellung seiner Federn, rot-orange, ganz ruhig schwimmt er da, lässt sich durch mich nicht irritieren. Ein Grund, ihn zu bewundern? Ich schwimme zurück und krabbele an die Uferstelle, an der ich mein Sportzeug abgelegt habe, immer noch ist kein Mensch hier außer mir. Bevor ich mir die Schuhe wieder anziehe, setze ich meine Brille auf und blicke auf den See: Der Himmel spiegelt sich darin, so still und glatt ist seine Oberfläche. Auf dem Wasser treibt eine leere Chipstüte.

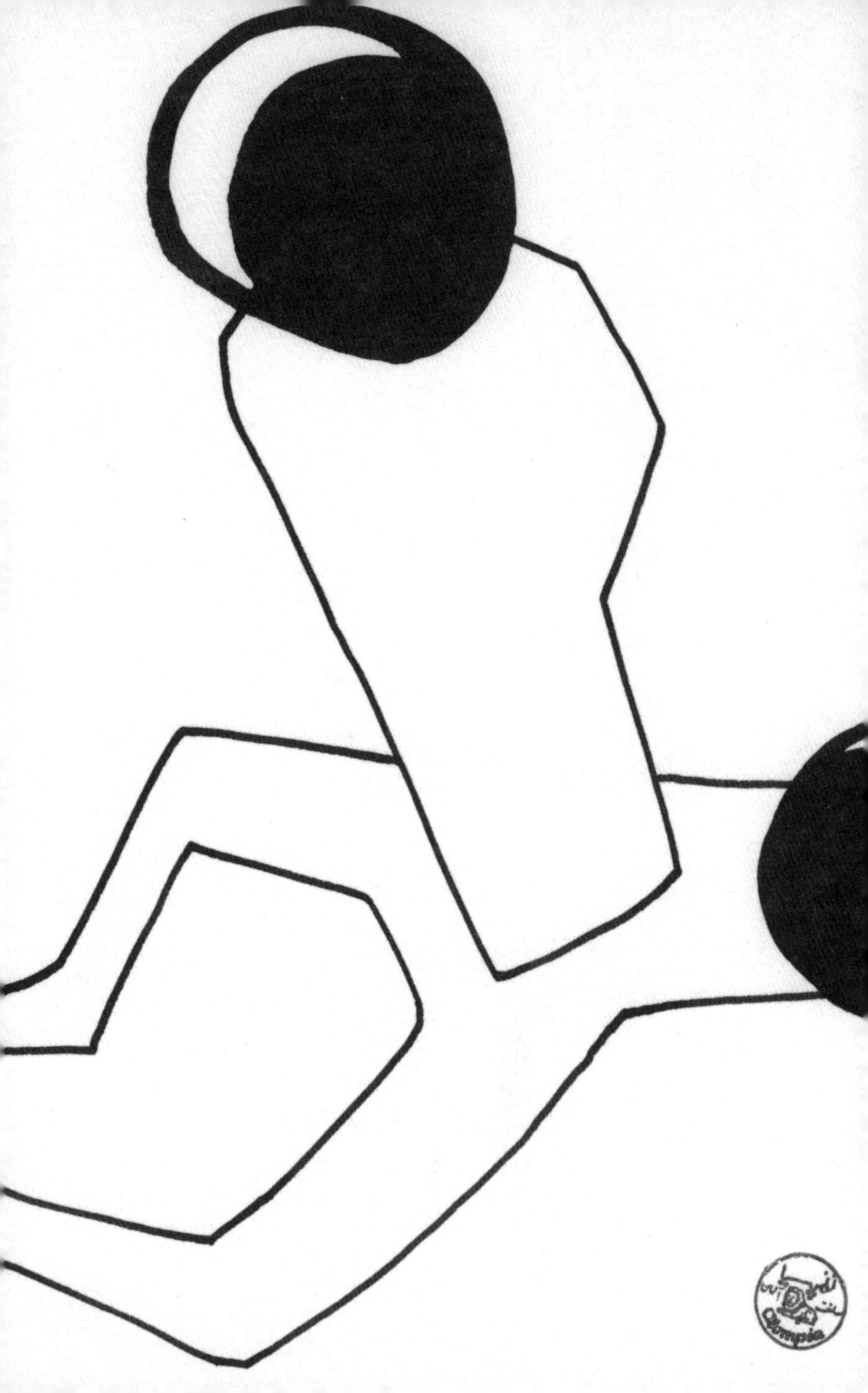
Olympia

Das Klettergerüst. Oben

Verräter. Sie hat Verräter zu mir gesagt. Vor wenigen Minuten hat sie noch gesagt, ich bin ihre beste Freundin. Jetzt sagt sie Verräter zu mir. Sie hat es mir ins Ohr geflüstert, so leise, dass keines von den anderen Kindern es hören konnte. Laut hat sie dann gesagt, ich bin ihre beste Freundin. Alle, die um uns herum stehen, haben das gehört. Alle sollten das hören und denken, dass ich ihre Freundin bin. Sie flüstert noch einmal Verräter in mein Ohr. Und noch einmal. Ich halte mir die Ohren zu. Dann laufe ich weg. Sie läuft hinter mir her, gleich holt sie mich ein, nur noch wenige Meter. Sie zieht an meiner Jacke. Ich stolpere. Und falle hin.

»Was ist los mit dir?«, fragt sie mich und will wissen, vor wem ich weglaufe. In ihren Augen blitzt es. Bevor ich aufstehen kann, sind Walburga und Ayse da.

»Verräter«, zischt sie noch einmal in mein Ohr und zieht mich dann an meinem Arm hoch. Ich antworte nicht und stecke meine Hände in die Jackentaschen. Da ist es schön warm, meine Hände sind immer kalt, nun sind sie auch noch aufgeratscht vom Hinfallen und ein Hosenbein ist am Knie aufgerissen.

»Ich kaufe dir eine neue Hose«, sagt sie, so laut, dass Ayse und Walburga es hören können. Aber ich will keine neue Hose, schon gar nicht von ihr. Andauernd kauft sie mir irgendwas, tut so, als würde sie mir Süßigkeiten schenken und dann behauptet sie vor den anderen, ich hätte Schulden bei ihr. Ich will keine Schulden haben. Sie sagt, ich schulde ihr 4 Euro und 30 Cent. Ich habe noch nie Schulden gehabt. Schulde ich ihr etwas? Sie hatte mich gestern zum Eis eingeladen, mir eine Haarspange mit drei gelben Kugeln drauf geschenkt und sich dann eine Yum-Yum-Chinasuppe zum Trockenessen mit mir geteilt, die wir mit den Fingern und Spucke aufstippten. Das alles waren doch Geschenke! Warum schulde ich ihr plötzlich etwas?

»Du schuldest mir 4 Euro und 30 Cent«, wiederholt sie und baut sich vor mir auf. Ich gucke auf das Knieloch meiner Hose. Ich traue mich nicht, in ihr Gesicht zu gucken, will es auch gar nicht sehen, ihr Gesicht und ihren Mund, der gleich wieder das Wort sagen wird. Meine Hände vergrabe ich tiefer in meine Taschen. Dort ist der Ring, den ich gestern von meiner Lehrerin als Belohnung bekam, weil ich in der Nachhilfestunde so fleißig gewesen bin. Der Ring war mir ein bisschen zu groß und die Lehrerin versuchte, ihn mit einer Zange enger zu biegen.

»Ein Eierring, so etwas hat keiner«, sagte die Lehrerin, als ich ihn mir an meinen Finger steckte. Schon lange habe ich mir einen Ring gewünscht. Ich umfasse den Eierring in meiner Tasche und drücke ihn tiefer in das

Futter. Sie boxt mich an die Schulter. Ich renne auf den Spielplatz und klettere auf das Gerüst. Ganz oben setze ich mich drauf. Sie steht unten und schreit: »Komm herunter, du bist doch meine beste Freundin.«

Ayse und Walburga stehen neben ihr. Nie wieder will ich herunter kommen.

Ich stecke meine Füße von hinten durch die Kletterstange, ziehe den Eierring aus meiner Tasche und halte ihn hoch über meinen Kopf in die Sonne. Es ist mein einziger Ring, so einen hat keiner, der einzige Eierring der Welt, er gehört mir. Nur mir. Ich tue ihn zurück und umfasse das Gerüst mit meinen Händen. Das tut weh, ich verreibe etwas Speichel auf den aufgeschürften Stellen. Meine Mutter sagt, Speichel heilt. Meine Mutter wird schimpfen, wenn sie die zerrissene Hose sieht. Ich drücke den Stoff zusammen, hoffe, es ist Zauberstoff, der einfach zusammenwächst. Ich kneife die Augen zu. Das Loch ist weg. Walburga und Ayse springen Seil.

»Eins, zwei, drei, vier, fünf, sechs, sieben, wie viel Kinder wirst du kriegen«, reimen sie.

»Eins, zwei, drei, vier...«

Ich würde gerne mitspringen. Sie ruft wieder, dass ich runter kommen soll. Noch einmal betrachte ich den Eierring. Die weiße Blume, die ihn verzierte, ist abgebrochen. Dort, wo die Blume war, ist ein Kleberest. Ich entferne ihn mit dem Daumennagel und stecke mir den Ring an den Finger. Man sieht kaum noch, dass dort einmal eine Blume dran war. Eins, zwei, drei. Ich klettere vom Gerüst hinunter. Sie sagt, ich sei ihre beste Freundin. Das andere Wort sagt sie nicht mehr. Wir springen Seil. Sie legt den Arm um meine Schulter und sagt, das mit den Schulden war ein Witz. Vielleicht möchte sie den Eierring einmal anprobieren? Ich frage sie.

Das Klettergerüst. Unten

Um uns herum stehen Milan, Ahmet und Dorian und klatschen. Sie hat mir ein Bein gestellt, obwohl ich sie nur ein bisschen an ihre Schulter gepufft habe. Ich liege vor Dorians Füssen. Er lacht. Sie tut, als wäre ich ihr egal, als wäre es überhaupt nicht schlimm, dass ich mich vor den Jungen auf die Klappe gelegt habe. Sie hat mich vor den Jungen blamiert! Sie ist ein Verräter! Ich rappele mich hoch. Warum hat sie das getan? So eine Blamage! Die Jungen gehen Fußball spielen. Wo ist sie jetzt? Sicher ist sie auf den Spielplatz gelaufen und auf das Gerüst geklettert, dass macht sie immer, wenn ihr etwas nicht passt oder ihr peinlich ist. Da hinten läuft sie, ich laufe hinterher, bin auf gleicher Höhe. Sie hat mich verraten.

»Verräter!«

Ich sage es ihr ins Ohr, damit Walburga und Ayse, die nun neben uns stehen, nicht mitbekommen, dass wir Stress miteinander haben. »Verräter«, zische ich noch einmal und sage laut, dass sie meine beste Freundin ist. Alle Mädchen wollen mich zur Freundin, ich habe viele Freundinnen. Gestern habe ich für sie Süßigkeiten beim Bäcker um die Ecke gekauft. Der Bäcker ist nett, wenn ich nicht genug Geld habe, schreibt er meine Schulden auf einen Zettel, manchmal schenkt er mir etwas oder macht die Yum-Yum-Chinasuppe billiger. Extra für mich. Ich schenke ihr gerne etwas, sie bekommt kein Taschengeld, meines habe ich zwar bereits vor einer Woche aufgebraucht, aber davon weiß keiner, auch nichts von meinen Schulden beim Bäcker.

Er sagt, das sei nicht weiter schlimm, schiebt mir einen Riegel über den Tisch, »ist heute umsonst«, sagt er noch und zwinkert mir zu. Walburga und Ayse fragen, ob wir uns gestritten haben. Ich schüttele den Kopf.
»Nein«, sage ich, »sie ist doch meine beste Freundin«, und ich versuche sie an ihrer Jacke zu erwischen, damit sie stehen bleibt. Sie fällt hin. Vielleicht will sie nichts von mir geschenkt haben? Warum will sie das nicht? Denkt sie, ich will etwas dafür haben? Will ich doch gar nicht! Glaubt sie, sie muss mir gehorchen, wenn ich ihr etwas schenke? Der Bäcker hat seiner Frau vor kurzem einen Hund gekauft, der Hund muss gehorchen, weil er es schön hat bei den beiden, genug zu fressen kriegt. Manchmal darf ich ihn streicheln. Sie ist doch kein Hund!

»Du schuldest mir 4 Euro 30 Cent«, sage ich deshalb zu ihr und ziehe sie an ihrem Arm hoch. Sie steckt die Hände in ihre Tasche, dreht sich um und rennt weg. Ich will, dass sie meine beste Freundin ist. Walburga und Ayse sind meine Freundinnen, aber keine von beiden ist meine beste Freundin, ich will, dass sie das ist. Will sie das nicht? Warum stellt sie mir vor den Augen der Jungen ein Bein? Bestimmt sah ich dämlich aus, wie ich hinfiel und dann auch noch genau vor Dorians Füße. Gerade der. Sie sagt, er ist in mich verliebt. Ich finde ihn blöd. Sie weiß das. Warum schubst sie mich dann vor seine Füße? Milan ist in sie verliebt, ich schubse sie doch auch nicht vor seine Füße. Solch eine Blamage würde ich ihr nie antun. Sie ist ein Verräter. Walburga und Ayse springen Seil.

»Eins, zwei, drei ...«

Wo ist sie? Hab' ich es doch gewusst: Sie sitzt ganz oben auf dem Klettergerüst und zuppelt an ihrer Hose herum, dann spuckt sie in ihre Hände. Warum tut sie das?
»Komm herunter«, rufe ich zu ihr hinauf. Sie beachtet mich nicht, hält irgendetwas über ihren Kopf und guckt in die Sonne. Die drei gelben Kugeln an ihrer Haarspange funkeln. Die Spange hat sie von mir. Ich habe sie aus einem Kaugummiautomaten gezogen und ihr gegeben, weil ich schon eine habe. Sie würde die Spange doch nicht tragen, wenn sie mich doof fände? Ich würde Geschenke nur nehmen, wenn ich die, die

mir etwas schenken, auch mag, würde auch nichts von jemandem annehmen, den ich nicht mag, nicht einmal Yum-Yum. Ich würde auch keinem etwas schenken, den ich nicht mag. Ich möchte, dass sie meine Freundin ist, meine beste.

»Komm herunter!«, rufe ich noch einmal. Vielleicht hat sie mich gar nicht absichtlich vor die Füße von Dorian geschubst, vielleicht bin ich einfach so gestolpert? Was hält sie in den Händen? Ich kann es nicht erkennen. Ah, jetzt doch. Sie steckt sich etwas an den Finger. Einen Ring? Woher hat sie den? Meine Fingernägel sind weich, die Haut neben den Nägeln hart und spröde. Ich kaue darauf herum, ziehe etwas von der Haut mit den Zähnen ab und spucke aus. Ich mag meine Hände nicht. Ihre sind immer ganz blau, aber sie kaut nicht daran herum wie ich. Nun klettert sie doch herunter. Ich sage, dass das mit den Schulden ein Witz war. Sie hält mir einen Ring vor die Nase, er sieht etwas verbogen aus, und eine silberne Stelle blitzt auf dem schwarzen Metall.
»Hier, mein einziger Ring, ein Eierring, willst du ihn mal anprobieren?«

Kristallfamilien

»Natürlich kann ich ein Ü und ein D hier anlegen. FÜD. Füd ist ein Ausruf bei den Bewohnern der Pommes-Frites-Insel, die Käpt'n Blaubär mit seinem Schiff besucht hat. Die Insulaner dort haben so spitze und kleine Münder, dass sie nur Fritten essen können. Was anderes geht da nicht rein. Sprechen können die auch nicht richtig. Die sagen nur füd füd.«
»Totaler Quatsch, du redest schon wieder Blödsinn.«
»Selber Blödsinn.«
Meine Schwester sagte, niemand würde nur füd füd sagen können, außerdem sei Käpt'n Blaubär eine fiktive Figur, die nur Lügen erzähle. Sie hielt mir den Rechtschreibduden vor die Nase.
»FUFFI kannste legen, aber nicht FÜD.«
Ich nahm die beiden Buchstaben vom Scrabble-Brett, legte ein A an das N von KATZENBAUM, und Zorro schrieb mir zwei Punkte gut. Marlene fragte, ob wir schon den neuesten Schrei aus Amiland kennen. Man könne sich tote Verwandte oder Freunde als Kristall um den Hals hängen. Habe er auch schon gehört, sagte Zorro, und dass er dieser Kristallbrennerei eher skeptisch gegenüber stehe.
»Die schütten da irgendwo einen Haufen Asche zusammen und brennen den hart. Kann ja jeder sagen, man sei mit diesem synthetischen Diamanten verwandt oder befreundet gewesen. Vielleicht haben die die Asche mit

der von anderen Toten vermischt, damit es sich überhaupt lohnt, den Ofen so hoch zu heizen. Nachher hat man einen Aschemutanten umhängen. Nee, das will ich nicht am Hals haben. Und schon gar nicht 10.000 Euros dafür ausgeben.«

»Man könnte Opa als Baumschmuck benutzen«, sagte ich.

Marlene schüttelte sich und sagte nichts.

»Ich will überhaupt keinen Menschen ständig um mich haben.«

»Stell dir mal vor, die brennen die Kristalle aus toten Katzen oder Ratten und tun nur so, als hätten sie die Asche, die du eingeschickt hast, verwendet.«

»Tote Tiere will ich schon gar nicht am Hals haben«, sagte Zorro. Unser Vater guckte sich das Gescrabble an, runzelte die Stirn, legte sich aufs Sofa und schaltete den »Tatort« ein.

»Es gibt keine Raupeneier«, schimpfte meine Schwester und gab Zorro das E und das I zurück.

»Raupen werden Schmetterlinge.«

»Und wer legt die Eier?«

Meine Schwester behauptete, der Kreislauf sei unendlich.

»Meinst du, dass die Schmetterlinge wieder zu Raupen werden und die verpuppen sich zu Schmetterlingen und so weiter?«

»Mhm«, überlegte meine Schwester und fragte den Vater, ob Raupen Eier legen würden.

»Mir doch egal«, meckerte der, und dass er in Ruhe fernsehen wolle. Der Hund neben ihm rülpste.

»Das ist Familie«, würde meine Mutter jetzt sagen, aber sie besuchte gerade eine schwerhörige Tante in der Nachbarschaft. Mir fiel ein, dass man aus den zu Kristallen geschmolzenen Toten auch Plattennadeln herstellen lassen könnte. Postum wäre so jeder ein Star.

»Und die Superstarsucher könnten sich endlich die Suche nach immer neuen lebenden Superstars sparen«, sagte ich. »Und wenn man mehrere Plattenspieler parallel laufen lässt, gibt es einen sehr speziellen Chorgesang.«

Zorro kicherte und meinte, würde ich zu einer Plattenspielernadel geschliffen, würde sich eine nicht gerade kleine Menge an Leuten wundern.

»Schließlich bist du bekannt für deine Krächz-Stimme. Du als Plattennadel. Phh!«

»Läge zum Beispiel Dolly Partons geniales ›Stairway to heaven‹-Cover auf dem Teller, kämen die Nörgler nicht umhin zuzugeben, dass auch ich eine sehr schöne Stimme und was zu sagen hätte«, triumphierte ich und sang laut meinen Lieblingssatz, den ich sonst immer nur alleine und heimlich beim Spazierengehen in mich hinein summe: »... and our shadows are longer than our souls.«

Meine Schwester hielt sich die Ohren zu. Marlene blickte angestrengt auf ihre Scrabble-Buchstaben. Und ergänzte FENSTER mit VORHANG. 162 Punkte. Ich verstummte.

»Tatort«-Abspann-Musik aus dem Fernseher unterbrach die Totenstille. Zorro knallte die Kinnlade runter, meiner Schwester fielen die Hände von den Ohren. Der Hund sprang auf. Der Vater erhob sich vom Sofa, ging zum Bücherregal, zog ein Lexikon hervor und blätterte darin. »Hier steht nicht drin, wer die Eier legt. Wohl eher der Schmetterling«, murmelte er und ließ den Hund in den Garten.

Die Vogeltränke

Eine Straßenbahn, ganz hinten am Horizont. Von meinem Platz sah es so aus, als würde sie durch die Kirschbaumzweige vor dem Haus schweben. Unter dem Baum saßen Krähen, die eine tote Ratte im Wasser der Vogeltränke einweichten. In wenigen Tagen würde sich das Fleisch von den Knochen gelöst haben. Um die Tränke herum Schnäbel, Federn, Rattenschwänze. Ich wickelte mich aus der Wolldecke, lehnte mich weit aus dem Fenster und pustete Insekten und Staub nach draußen. Raps unter dem Gewitterhimmel. Nordicwalker in Weinrot mit Bauchgurt auf dem Fußweg. Regen. Auf dem Flur redeten Guido und Tomas über die Alternativen zur Raufasertapete.
»Verputzen macht zu viel Arbeit. Wir sollten vertäfeln«, empfahl Guido.
»Da kann ich mich ja gleich aufhängen.« Das war die Stimme von Tomas.

»Auch ein Bier?«
Wo kam der Typ plötzlich her? Ich hatte ihn nicht kommen hören, er hielt mir eine Plastikbierflasche über die Schulter. Ich erinnerte mich an das Plastikflaschenbier, das ich nach seinem ersten Besuch bei mir getrunken hatte. Als ich die Flasche an meinen Mund setzte, hatte ich das Gefühl, ich könnte seine Lippen noch spüren. Nicht, dass die nach Plastik schmeckten,

seine Lippen, aber meine Lippen waren aufgeweicht, jede Berührung ein Stromschlag. Ich starrte aus dem Fenster. Zwei Krähen stolzierten im Gras herum, als ob ihnen das Grundstück gehören würde. Karin war im Garten und entsorgte Kadaverteile aus der Tränke mit einer Schaufel.

»Willst du nichts trinken?«
Ich schüttelte den Kopf, zog mir die Jacke an und ging. Unten in der Küche saß Besuch. Ein Mann hielt einen plattköpfigen Säugling in den Armen. Seine Frau hatte Zitronenkekse mitgebracht.
»Wir wollen nicht stören, uns aber endlich einmal vorstellen«, sagte der Mann. »Ich bin nur zu Besuch hier«, sagte ich, und dass Karin im Garten sei und die Vogeltränke samt Kadaverresten in die Tonne hauen würde.
»Krähen? Bei uns haben die auch einen Teil des Gartens beschlagnahmt«, sagte die Frau.
»Wir wohnen nebenan«, sagte der Mann und warf seinen Kopf nach rechts. Das Kind schrie. Ein brüllender Flachbildschirm. Der Mann ließ seine Lippen vibrieren, Babysprache.
Ich ging zu Karin in den Garten.
»Besuch ist da«, sagte ich.
»Andauernd kommen irgendwelche Leute unangemeldet vorbei«, beschwerte sie sich und riss Unkraut aus dem Gemüsebeet.
»Warum habt ihr ihn reingelassen?«, fragte ich.

»Ich dachte, du freust dich«, sagte sie und drückte mir einen Spaten in die Hand. Ich sprang darauf herum, bis der Schaft im Rasen verschwunden war.

»Du könntest die Disteln abschlagen. Es ist gut, das zu tun, bevor sie blühen, sonst breiten die sich noch mehr aus«, sagte Karin und ging ins Haus. Ich hackte die Stiele so dicht wie möglich am Boden ab, Saft spritzte heraus, schlug dann mit dem Spaten in ein Brennesselnest, trampelte die Pflanzen mit den Füßen nieder, holte eine Harke aus dem Schuppen und rechte die Pflanzenleichen zu einem Haufen zusammen. Buddelte dann Kornblumen vom Wegrand aus und grub sie an die Stelle des mit Erde gefüllten Betonrohres, auf dem die Vogeltränke gestanden hatte, ein. Ein Rattenschwanz und Restknochen kamen dabei zum Vorschein. Dann fiel eine angekaute Ratte vom Kirschbaum, direkt vor meine Füße. Eine Krähe flog hinterher, versuchte, den Kadaver am Schwanz wieder hochzuziehen, schaffte es nicht und erhob sich unverrichteter Dinge wieder in die Luft. Ich schmiss das Aas auf den Pflanzenhaufen, wischte mir die Hände an der Hose ab und ging wieder ins Haus. Die Tapeten hafteten nicht gut auf den feuchten Flurwänden. Tomas und Guido rauchten vor der Tür. Ich setzte mich auf die Stufen. Karin brachte Getränke und belegte Brote.

»Er ist wieder gefahren«, sagte sie.

Was er überhaupt hier gewollt habe, fragte ich sie.

»Probieren, ob es noch so wie früher ist, das Plastikbier«, schlug Karin grinsend vor. Tomas trank einen Schluck, zwinkerte mir zu und säuselte, dass ich doch ihn nehmen sollte, er wäre schließlich auch eine gute Partie. Dann pulte er an einem losen Stück Raufaser im Flur herum. »Wir hätten doch vertäfeln sollen«, sagte Guido. Tomas blies Qualm in seine Flasche. »Vielleicht kommt ein Geist heraus«, kicherte er, piekte Löcher in den aus der Flasche aufsteigenden Rauch, riss eine lose Bahn Tapete von der Flurwand, dann die nächste.

»Wir müssen noch einmal von vorn beginnen«, sagte Guido.

Im Chemielabor

Stefan lag rücklings auf der Straße, streckte alle viere von sich und blinzelte freudig erregt auf die eigens zur Ehre des Jungschützenkönigs Kalle bestellte Striptease-Tänzerin aus der Kreisstadt.
»So ein schöner Tag!«, seufzte er zufrieden. Daniel rückte mit Kräuterquark an. Eigentlich hatte er Sprühsahne besorgen sollen. Quark sei billiger gewesen, die Tänzerin habe schließlich schon genug gekostet, sagte Daniel, öffnete die Becher und verschmadderte den Inhalt mit Kalle auf der fröstelnden Tänzerin, die sich, auf ihren Stöckelschuhen wippend, durch den Matsch quälte. Welch sauer verdientes Geld, dachte ich, und dass ich nie wieder über meine üble finanzielle Situation jammern würde. Weiter hinten auf der Dorfstraße tanzten Nackte, um Paul, dem König der Erwachsenen zu huldigen. Eine erstaunliche Speckfalte verbarg die Männlichkeit von Ferdi, Manne hatte sich immerhin ein schmuddeliges Handtuch um die Hüften gebunden. Ich bekam Angst und ging nach Hause. Ob Nacktanzen heute Abend auch obligatorisch war?
Henning rief an.
»Um Mitternacht auf dem Saal!«, befahl er mir und legte auf.
Halb eins. Meine Brille beschlug, Rauchschwaden hingen in der Luft und Schwitzwasser tropfte von der Decke. Henning hatte mich versetzt. Ich drehte

eine Beschäftigungszigarette und suchte den Saal nach Bekannten ab. Ein Jungbauer mit Kappe hielt mir einen Ratzeputz vor die Nase.
»Na Mädel, biste alleine hier, trink doch erstmal.«
Ich kippte auf Ex und brachte das leere Glas zur Theke. Ganz hinten entdeckte ich Lothar und Roland.
»Mensch, ihr habt neue Hühner bekommen?«, fragte ich Roland.
»Ja, fünfzig Stück! Freilaufende Hühner legen ja höchstens ein Ei pro Tag. Käfighühner legen zwar mehr, aber die wollen wir nicht. Die Namen kann ich mir jetzt nicht mehr alle merken«, sagte Roland.
»Hat vielleicht auch was mit dem Alter zu tun«, gab ich zu bedenken und erzählte, dass vor dem Schützenhaus eine Horde Kiddies gestanden und ich mich zuerst gar nicht hineingetraut hatte.
»Hab dann meinen Jackenreißverschluss ganz nach oben gezogen, nur meine Augen guckten raus«, sagte ich.
»Ging mir auch so«, sagte Lothar, der in der Kreisstadt bei einem Chemiekonzern arbeitete und sich vor einigen Jahren im Ort ein Haus gebaut hatte. Der Jungbauer mit Kappe begrüßte Roland und lallte was von einer Party, auf der er vorher gewesen war. »Voll Scheiße.« Es sei gar nicht so einfach gewesen, hier zu landen, weil alle besoffen waren. »Niemand konnte mehr fahren und das Taxiunternehmen war völlig überfordert«, sagte er. Ich hatte das Gefühl, ihn von irgendwoher zu kennen, was nicht sein konnte: Der war mindestens zehn Jahre jünger und aus einem Nachbarort. Ein zeitloses

Phänomen, dachte ich fasziniert, der wird einem immer wieder über den Weg laufen. Der Zeitlose sprang auf die Theke und headbangte auf die harte Hubschraubertour, seine Kappe flog vor meine Füße.

»Ich war mal mit jemandem einkaufen, der sich bei Kaiser's auf den Boden schmiss und zu Stones-Laden-Beschallung auf den Fliesen rockte. Mannomann, war mir das unangenehm. Zum Glück passierte das im Urlaub, keiner kannte uns. Andererseits muss ich gestehen, dass ich ihn fast so bewundert wie mich geschämt habe. Mutig ist das ja«, sagte ich leise zu Lothar.

»Oder einfach gnadenlos«, sagte Lothar, und dass er die ersten Tanzversuche der Mädchen beobachten würde. Das finde er richtig süß.

»Die Jungen finde ich auch süß«, sagte ich und Lothar wurde verlegen, so hatte er das nicht gemeint.

Ich trank erst Wodka-Lemon und dann Wodka-Wasser. Jungschützenkönig Kalle tauchte auf und probierte mein Getränk.

»Keine Fahne, voll das Tarngetränk« , strahlte er und glaubte mir, dass man keinen Schädel davon bekäme. Dann begann er zu rappen. Plötzlich unterbrach er sich: »Was reimt sich auf nass?«.

»Krass«, sagte ich, »kommt immer gut.«

»Cool«, sagte Kalle und rappte: »Mein Hemd ist voll nass, das ist so krass.«

Zwei Wodka-Runden später wollte er wissen, ob ich ihn für fernsehkompatibel halte. Er habe alles Mögliche

angestellt, um einen Künstlernamen in seinem Personalausweis eintragen zu lassen. Alles erfolglos, weil er keine Veröffentlichungen vorweisen konnte und er niemanden kannte, der ihm die künstlerische Tätigkeit bestätigte.
»Kenne auch keinen«, bedauerte ich.
Die Live-Combo spielte »Angels«. Sicherlich war es prikkelnder, sich in Engel als in Schweinsköpfe zu verlieben. Wenn ein Engel sich in einen Schweinskopf verwandelte, blieb zumindest die Erinnerung an den Engel.
»Und Schweinskopfmutationen kenne ich. Da toppt die Realität die Fantasie ...«
»Vielleicht gibt es gar keine Engel«, sagte Lothar.
Roland fragte, was wir für einen Blödsinn reden würden, wir seien hier schließlich nicht in der Kirche.
»Engel können fliegen.«
»Schnappi«, schrie Roland und stürzte sich mitten hinein ins Grapschegetümmel auf der Tanzfläche.
»Irgendwo habe ich gelesen, dass Liebe nur mit Hormonschwankungen zu tun hat. Verschwinden die Bindungshormone, geht das Bindungsgefühl flöten.«
»Ratzeputz ist auch ein Hormon«, sagte Jan, der auf Rolands Platz neben mir gerutscht war.
»Bei Bindungsversprechen auf Lebenszeit sollten keine Ringe getauscht, sondern Verträge mit Ärzten gemacht werden: Nachgespritzte Bindungshormone halten die Gefühle frisch!«
»Ich liebe den Geschmack aus der Dose!«
»Am besten weichgekocht, wa?«

Jan holte tief Luft und pumpte seinen Bauch zu einer Kugel auf.

»Die beste Methode, Frauen zum Lachen zu bringen«, witzelte er und raunte Lothar zu, dass es auch die beste sei, Laberei zu unterbrechen.

»Bauch, fauch, drauf«, rappte Kalle.

Der Jungbauer mit Kappe setzte Karin, die Tochter unserer früheren Nachbarn, bei uns ab, Jan pumpte seinen Bauch wieder auf. Karin piekte mit zwei Fingern hinein und kicherte. Nicht die schlechteste Methode, sich anfassen zu lassen, dachte ich.

»Ob es reicht, sich vorsorglich Oxytocin verabreichen zu lassen? Wie viele Orgasmen sind nötig, um ein natürliches Freisetzen von Oxytocin zu erreichen? Wie viel Testosteron muss beim Mann ab- und bei der Frau aufgebaut werden, damit der Sex so bleibt wie beim Verliebtsein?«, fragte Lothar.

»Lieber schlechter Sex als gar keiner«, sagte Jan.

»Finde ich nicht, lieber gar keiner«.

»Höhöhö«, grölte Roland und ging aufs Klo.

»Ich glaube, man kann das nur bei Ficken ohne Küssen ist scheiße umdrehen, weil Küssen ohne Ficken genauso scheiße ist«, sagte Lothar. Dann kam Blauauge mit meiner ersten großen Liebe Ole an die Bar.

»Das war doch Blauauge, der vor zwei Jahren das ganze Schützenfest über pennend in einem Einkaufswagen lag und von Manne durch den Saal geschoben wurde?«, fragte ich Lothar.

»Das war ich nicht«, sagte Blauauge und nahm Karin auf die Schultern.
»Lass mein Mädchen in Ruhe!«, regte sich der mit Kappe auf und peng! – war Blauauges Auge blau.
»Weißt du noch, früher beim Flaschendrehen? Als Roland und Melanie sich küssen mussten?«, fragte Lothar mich.
»Nee, keine Ahnung.«
»Roland hat geschrien, was Melanie mit ihrer Zunge machen würde und Melanie ist so rot geworden, dass alle annahmen, sie würde gleich platzen«, erklärte Lothar.
»Mein alter Chemielehrer hätte gesagt, die hat Anstand. Hat er zu mir auch mal gesagt. Vor versammelter Klasse im Chemielabor und den Zeigestock auf mich gerichtet: Guckt euch mal die an, wie die rot wird, die hat noch Anstand: Steh mal auf!«

Und im nächsten Moment hätte ich sie gerne wieder gehabt, die Lutscherreste mit Sand und Dreck um meinen Mund. Diesen Stillstandmoment, in dem ich mit Ole hinter der Werkstatt meines Vaters stand: Klebrige Knirschküsse und das Gefühl, wir seien für die Ewigkeit zusammengepappt. Weder der aus der Werkstattlackkabine ziehende Gestank nach Nitrolack noch das Kreissägenkreischen störten uns. Auch nicht der Regen, der irgendwann einsetzte. Wir krochen in das Lager für Sägemehl unter den Betonabsatz, ritzten uns mit einem Taschenmesser unsere Initialen in die Handgelenke, tauschten Blutstropfen und schworen uns ewige Treue.

»Irgendwann hörte ich auf mit dem Beschwören ewiger Verbundenheit, mit blöden Einmachversuchen und ließ mir von einem Profi meinen Künstlernamen in den Oberarm tätowieren«, wollte ich Lothar zuflüstern. Aber der war weg und Roland sagte, dass er sich lieber die Namen seiner Hühner merken können würde als sich Gedanken über den Unterschied zwischen Engeln und Schweinsköpfen machen zu müssen.

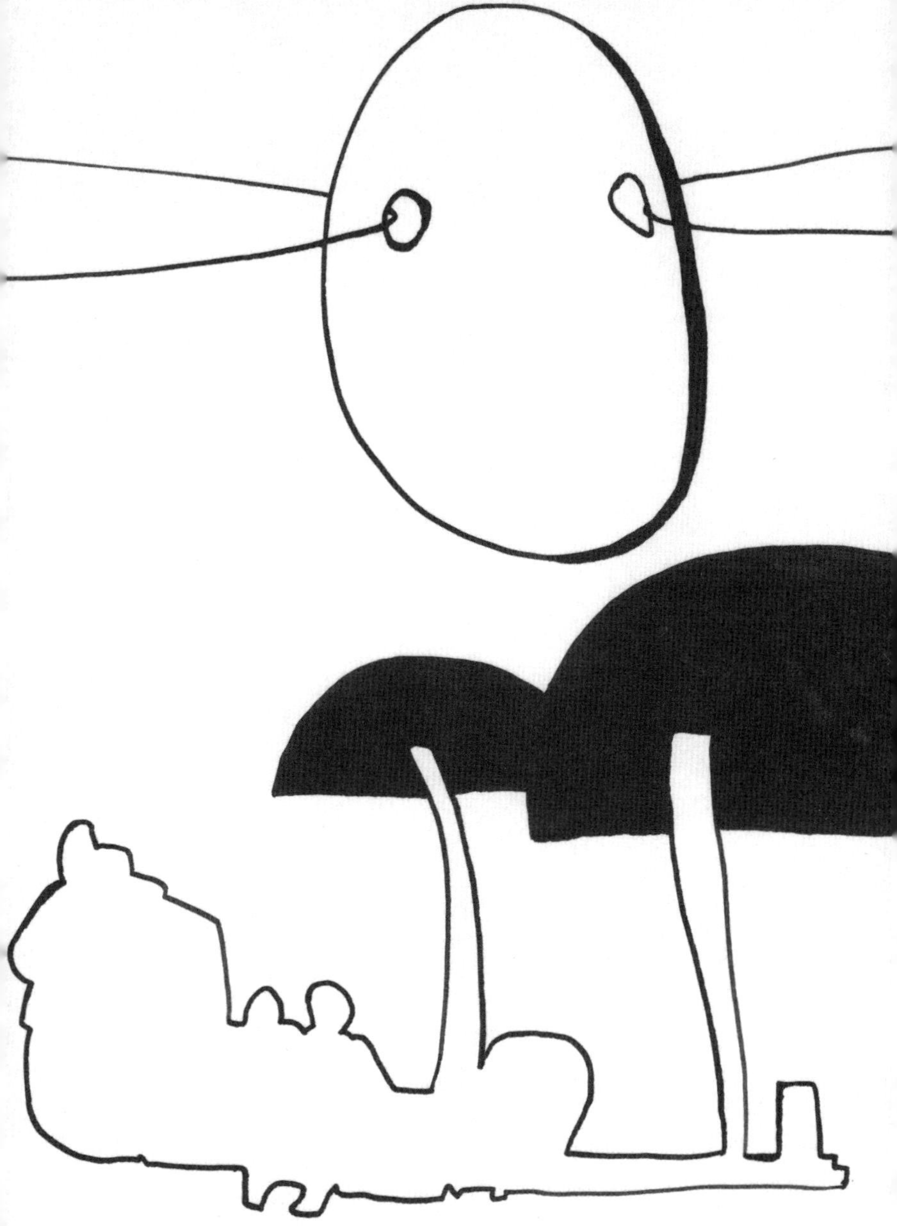

Karim auf dem Klapperrad

»Bloß nicht auf dem Präsentierteller sitzen ...«
»Du bist selbst schuld, dass wir so weit vorne sitzen müssen. Hättest dich ja wohl ein bisschen schneller entscheiden können, ob du mitkommen willst oder nicht!«, zischte Agnes.
Nebeneinander sitzen ging auch nicht mehr, wir waren zu spät dran und die Kirche proppenvoll. Ich wurde von einer älteren Dame in einer Stuhlreihe direkt unter der Kanzel platziert. Ein lebensgroßer Petrus hielt die Konstruktion auf seinen Schultern. Er trug ein rotes Gewand aus bemaltem Holz, an das ich mich lehnen konnte. Körperlose Engelsköpfe und Tiere schmückten den Teil der Kanzelunterseite, auf den ich guckte
Wenn das Ding über mir zusammenbricht, bin ich sofort tot, dachte ich und riss mich bei der Vorstellung, hier erschlagen zu werden, zusammen. Mein Nachbar betete, bevor er sich setzte. Er sah aus, als ob er meine Gedanken lesen könnte und sofort spürte ich eine Art der Verbundenheit, die ich nur bei wenigen Menschen habe.
»Na, hörst du es krachen?«, fragte er und puffte mich in die Seite. Erschrocken über diese Intimität, verschlug es mir die Sprache. Rede irgendwas, dachte ich und Rasierwasserduft vermischte sich mit dem von brennenden Kerzen. Agnes grinste zu mir herüber. Das hatte mir gerade noch gefehlt. Ich zog eine Fratze. So wie morgens vorm Spiegel. Angeblich soll damit das

Hirn in Wallung gebracht und der Tag gerettet werden. Geheimtipp von Agnes. Wo ich nun leben würde und wo ich früher gewohnt hätte, fragte mein Nachbar. Er könne mich nicht zuordnen. Ich verortete mich für ihn. Nach fünf Minuten Grübelei hätte er mich nach weiteren Details gefragt, flüsterte er.
»Zeit ist knapp«, sagte ich, und er boxte mich wieder in die Seite.
Ich hielt die Luft an. »Fühlst dich wohl in deiner Stadt?« Ich nickte. Obwohl ich gar nicht wußte, welches meine Stadt oder mein Ort war.
»Im Moment fühle ich mich hier ganz wohl«, sagte ich und musste mich beherrschen, meinen Zeigefinger nicht in seine Faust, die er auf seinem Bein zu meiner Seite hin hielt, zu stecken. Ich könnte heimlich einige der Umsonstetiketten mit meiner Adresse und dem Bild einer Kohlmeise, die ich letzte Woche in der Post hatte, in seine Manteltasche kleben, überlegte ich. Oder ihn nach seiner Telefonnummer fragen. Wäre Petrus morsch und bräche unter der Last der Kanzel zusammen, würde sich eine Verbindung ergeben, ohne dass ich mich anstrengen müsste oder lächerlich machen würde. Ich starrte nach links auf die geschnitzten Figuren und bewegte tonlos meinen Mund zu Liedtexten, die auf kopierten Zetteln am Eingang verteilt worden waren. In der Stuhlreihe vor mir saß eine gutaussehende, langhaarige Frau. Sie grüßte meinen Nachbarn. Ich betrachtete angestrengt meine Knie und zuppelte am Reißverschluss meiner Jacke herum. Der Posaunenchor blies so falsch, dass ich

Ohrgeräusche kriegte. Mir wurde etwas schwindelig. Mir gegenüber sah ich Zobel stehen. Wir nickten uns zu, er lächelte allwissend. Ich merkte, wie mir das Blut in den Kopf stieg und blickte schnell auf die Schuhe meines Nachbarn.

Das Licht wurde gedämpft und der Pastor stieg die Stufen zur Kanzel hinauf. Dann stand er direkt über meinem Kopf. Ich konnte seine Fingerspitzen sehen, ansonsten blieb er für mich unsichtbar. Er begann mit seiner Predigt und sagte, wenn man um Hilfe bittet, wird man wieder in seine eigenen Grenzen verwiesen. Man sollte also kein schlechtes Gewissen haben, wenn man um etwas bittet. Bitten ist menschlich und relativiert das eigene Dasein. Ich hatte in diesem Jahr schon einige Wünsche, und Agnes meinte gestern, es gäbe einen Gott und dass ich erhört worden sei. Sie zählte mir eine Reihe von Ereignissen auf, die sie als Zeichen einer höheren Macht sah.

»Überleg doch mal: Zum Beispiel der Typ auf dem Klapperrad am Spreewaldplatz ... Wie war sein Name? Karim? Der hat dich doch angebaggert«, sagte sie schließlich.

»Tolles Zeichen.«

»Na hör mal! Da hat sich Gott sehr angestrengt, um dir etwas Gutes zu tun. Der hat auch noch andere Aufgaben, als sich nur um dich zu kümmern. Er hätte dir auch eine alte Sandale vor die Füße werfen können«.

»Die hätte ich nicht gesehen«, sagte ich.

»Eben.«

Ich musste gähnen, mein Nachbar auch, und genau in diesem Moment wünschte ich mir, ich wäre Agnes, würde an Gott und seine Zeichen glauben, daran, dass Grimassenschneiden den Tag rettet, und dass man sich im Leben immer ein zweites Mal trifft.

Trostbier in leichten Aludosen

Wir hatten die Party zur Ausstellungseröffnung verlassen. Ich saß auf der Mauer und blickte hinüber zu dem bronzenen Soldaten mit dem Kind in den Armen. Gab es einen anderen Ort, an dem ich mich so mächtig wie auf dieser Mauer fühlte?
»Wir könnten Gott sein«, sang Andreas hinter mir und fing zu balancieren an. Das war mir zu nah.
Ich schubste ihn weg, zog mein T-Shirt nach oben und das Hemd aus seiner Hose.
In der denkmalgeschützten Anlage, die vor einigen Jahren noch für militärische Aufmärsche genutzt wurde, verglichen wir unsere Bäuche.
Dann stellte Andreas zwei rote Dosen Bier auf die Mauer.
»Sonderration. Hat ein Kumpel aus der Brauerei für mich herausgeschleust. Ist eigentlich für die Bundis im Kriegseinsatz. 5,8-prozentiges Starkbier in leichten Aludosen. Spart Frachtkosten und knallt besser.«
»Hau weg!«
Zwei Dosen Trostbier verbanden uns in diesem Moment auf der Mauer. Ich stopfte mein T-Shirt wieder in die Hose, saß da in der Abendsonne, und während die Einsamkeit aus unserer Begegnung eine Geschichte strickte, drückten wir Langeweilegeräusche aus dem Blech.
Der Boden unter meinen Füßen schwankte. Eine Naturkatastrophe? Beinahe wäre ich hingefallen. Ich rappelte mich auf, lief die Betonplatten hinunter in

Richtung Ufer, über die Straße, am Wasser entlang, vorbei an den geschlossenen Imbissständen, den Yachten, die im Hafen lagen und der Poliklinik, bis ich an der Konzerthalle, in deren Seitenflügel ich wohnte, angekommen war.

Vor meiner Wohnung kauerte Sandy. Sie knetete eine Familie aus Ton und stellte sie auf dem balkonartigen Laubengang vor meiner Küche auf. In der Küche brannte Licht, und drinnen machte sich der Junggalerist Johannes, unbeeindruckt von dieser Präsentation, an meinen Campingkochplatten zu schaffen.

»Johannes und ich hatten auch keine Lust mehr. Er hat den Rest Wodka von der Party mitgenommen, und den wollten wir mit Kaffee trinken. Ist durch dein Klofenster eingestiegen, dachten, das wäre okay. Ich dachte, du wärest nicht da. Du hast dich ja mit Arthur verpisst, und zu mir konnten wir nicht, und er wollte nochmal mit dir über seine Art-Recycling-Aktion sprechen«, bastelte Sandy ihre Erklärungen zusammen.

»Bin ich hier die Auffangstation für Knetmännchenherstellerinnen und Sammlungserben aus Peiner?«

»Von mir aus.«

Sandy holte ein Stückchen Ton aus ihrer Tasche und formte sich in Trance. Ich hörte, wie der Architekt des Nachbarbüros seine Tür abschloss. Plötzlich ging meine Wohnungstür auf, und er stand schon halb im Flur, in schwarzem Anzug und mit nach hinten gestriegelten Haaren.

»Ich krieg noch eine Monatsmiete von dir«, stichelte er. Ich rannte aus der Küche und versuchte, ihm die Tür

vor der Nase zuzuschlagen. Er steckte seinen Fuß in den Türspalt.
»Hau ab, du Arsch!«
Der Junggalerist erschien mit einem übelriechenden Gebräu in der Hand auf meinem Flur und kickte den Architektenfuß nach draußen.
»Soll der doch mit Sandy Knetübungen machen.«
»Der steht eher auf Bimmelbingo«, sagte ich.
Johannes trank einen Schluck und grinste. Vom Balkonstreifen kam Geschrei. Ich guckte zum Küchenfenster hinaus und sah, dass der Architekt Sandys Männeken plattgetreten hatte, am Boden kniete und so tat, als wollte er den Schaden beheben. Er fädelte die Familienteile auf Blumendraht. Sandy heulte. Meine Mutter rief an. Ob ich mitgekriegt hätte, dass der Kurs meiner Rentenversicherung stark im Fallen sei, fragte sie.
»Du musst die Zusammensetzung deiner Anteile unbedingt umschichten, sonst bist du arm im Alter«, sagte sie.
»Wer denkt an die Zukunft?«
»Du änderst dich nie«, blaffte sie und legte auf.
Johannes gab mir Wodka. Wir setzten uns in die Küche und hofften, Sandy und der Architekt würden endlich die Biege machen. Johannes war so unscheinbar, dass er mir besonders schien.
Er sagte eine Reihe von Künstlernamen der Jetztzeit wie ein Gedicht auf. Ich brauchte eine Weile, um zu kapieren, was er da machte, legte »Never for ever« von Kate Bush ein, spulte vor zu »The wedding list« und begann

abzuwaschen. Als ich mich umdrehte, war Johannes auf meinem Plastikstuhl eingeschlafen. Ich hielt einen Cutter ins Licht der Deckenlampe. Metallreflexe im Gesicht von Johannes. Die Blendung lag sekundenlang auf seinen geschlossenen Lidern.

Ein Ding der Unmöglichkeit, die Schwere dieses Reflexes in der Malerei zu erreichen.

Mit der Cutterklinge säbelte ich seinen Pony nach und klebte die Haare auf den mit Nitrolack konservierten Frosch, der an einem Band über meiner Spüle hing.

Sandy und der Architekt waren gegangen. Draußen am Geländer baumelten Knetmännchenteile.

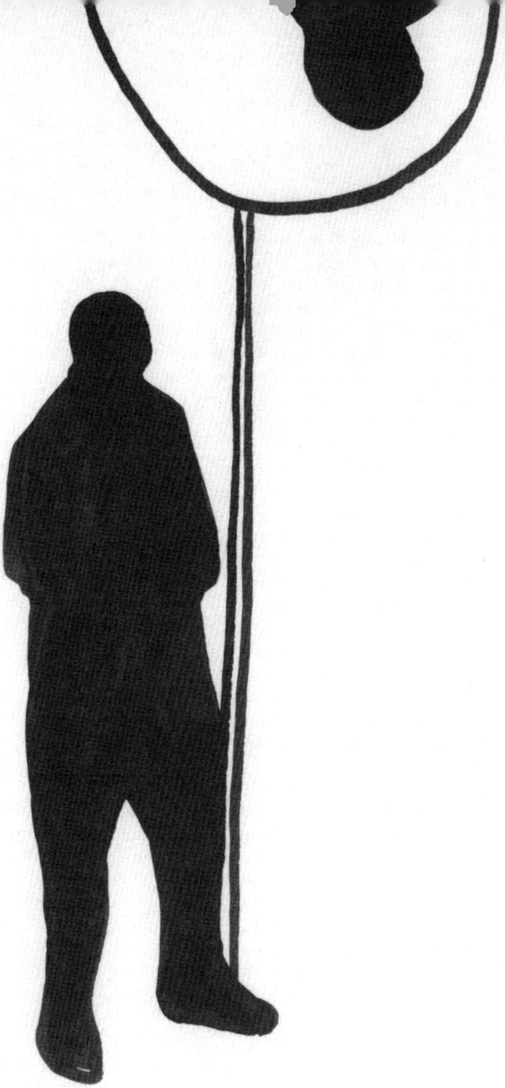

Jaulende, maulende Sonnenallee

Die Ampel sprang auf Rot, und der ältere Herr prügelte mitten auf der Straße wie ein Berserker mit seinem Gehstock auf den Hund ein. Ich zog meine Schultern ans Kinn. Der Mann trat den Hund. Der Hund jaulte. Stop auf der Mittelinsel. Der Hund wimmerte, der Mann schrie. Zwei türkische Mädchen sahen die Szene auch, eine sagte: »Sie dürfen Ihren Hund nicht schlagen.« Der Mann, der sich inzwischen zu dem Hund hinuntergebeugt hatte, um ihm das Halsband wieder umzulegen – dass der Hund sich losgerissen hatte, sah ich erst jetzt – sagte zu dem Mädchen: »Halt die Fresse.«
Die Mädchen sahen sich an ... Sie kicherten verlegen. Eine Fahrradfahrerin, die mit uns wartete, krampfte ihre Hände um den Lenker. Ich fasste Mut und sagte: »Sie dürfen Ihren Hund nicht schlagen, denn wenn er Angst vor Ihnen hat, wird er sich immer wieder losreißen.«
»Halt die Fresse«, sagte er. Naja, was musste ich auch so rumklugscheißern, der arme Mann, sicher war der Hund das Einzige, was ihm geblieben war, und er hatte nur aus Panik über den möglichen Verlust so reagiert.
Er zitterte, als er dem Tier das Halsband wieder umlegte. Das Tier auch. Er tat mir leid. Der Hund auch. Was für ein trauriger Anblick. Mir kamen die Tränen, und ich fragte, ob der Hund sein Ein und Alles sei. »Halt die Fresse«, sagte er und haute noch einmal auf den Hund.

Abends

Frau mit Hund.
Frau verschwindet in Hauseingang.
Hund wartet auf dem Fußweg.
Arabischer Junge bleibt stehen, hat Angst, starrt den Hund an.
»Was guckst du?«, sagt er zum Tier.
Frau kommt zurück.
»Du guckst doch auch.«
Alle weiter.

Morgens

Mann, Hund und Katze am Fenster, 1. OG.
Mann raucht.
Ein anderer geht unten vorbei, guckt nach oben.
»Na, ihr habt wohl nix Besseres zu tun?«
»Nö.«

Vor dem Gewitter

Auf der Bank neben mir hocken zwei Männer und trinken Bier. 7 Uhr 30. Ich lege mein Bein auf die Lehne und mache Dehnübungen.
»Wozu machst'n das? Wir werden alle keine hundert Jahre!«
Ich denke an meine Freundin R., die immer sagte, sie wolle hundert Jahre alt werden, und wenn sie das so sagte, hielt ich uns für unsterblich.
»Wenn meine Frau morgens als Erstes losrennen würde, na, ich würde mich bedanken«, sagt der eine und der andere pufft ihn in die Seite: »Wenn du eine hättest.«
Sie nehmen einen Schluck.
»Alle sind immer blond.«
»Die hat rote Haare.«
»Ist doch das gleiche.«
»Ey, kennste Frau Holle? Hat die eigentlich einen Vornamen? Hallo, kennst du ihren Vornamen? Sport ist ungesund.«
Ich renne los.
»Grüß Frau Holle.«

Jackson Pollock und die Klopse

Am Meer. Wo genau? Irgendwo an der Ostseeküste, Orte und Namen finde ich nicht wichtig und Orientierung fällt mir schwer – oder irgendwie umgekehrt.
Um mich an die Gegend zu gewöhnen, hatte ich mir eine Strecke ausgesucht, die durch die Fußgängerzone an die Strandpromenade führte. Zumeist benutzte ich die frühen Morgenstunden für meinen Spaziergang am dann noch menschenleeren Strand, der später am Vormittag mit Kurgästen belegt war. Menschenmassen verunsicherten mich. Ich war gezwungen, die Luft anzuhalten, wenn ich sie passierte, und vom ständigen Luftanhalten kriegt man Waldhornbläserbacken, vielleicht sogar Durchblutungsstörungen, und irgendwann ginge man sicher in die Luft wie das ehemalige HB-Männchen. Und das wollte ich schon gar nicht, in die Luft gehen, hatte Höhenangst, nicht mal aus dem Fenster lehnen konnte ich mich.
Mit den Schuhen in der Hand wanderte ich bis an das Ende des Strandes. Ein Drahtzaun hielt die Touristen von der dahinter liegenden militärischen Anlage fern. Ich guckte auf die ins Meer gebaute Rampe der Torpedoversuchsanstalt, warf Steine ins Wasser, setzte mich auf die Schaukel eines zum Hotel Seestern gehörenden Kinderspielplatzes, flog über die Horizontlinie des Meeres bis mir übel wurde und sprang in den Sand. Außer polnischen Arbeitern, die Algen einsammelten,

um sie mit Forken auf große Anhänger zu schmeißen, und einigen streunenden Hunden begegnete mir niemand. Meistens.

Eines Morgens kam mir ein kränklich aussehender Mann mit Heringsschwanzfrisur und Schlappen entgegen. Wir starrten uns an. Dann grüßte er. Und fragte, ob ich ebenfalls Gast in dem hier ansässigen Sanatorium sei. Ich grüßte zurück und schüttelte den Kopf.
»Bin hier, um Kunst zu machen«, sagte ich.
»Aha, in einer Künstleranstalt. Anstalt ist Anstalt, so groß sei der Unterschied auch nicht, und wenn sich mehr Künstler therapieren lassen würden, gäbe es sicher weniger«, murmelte er. Ich nickte. Er erzählte, wie er vorhin fast von einem Geranientopf getroffen worden wäre, den eine Frau aus einem Fenster auf den Gehsteig warf. »Kampf dem Spießbürgertum!«, hatte die geschrien, so dass er sich fürchtete. Blumentöpfe aus dem Fenster zu schmeißen fand er blöde, und er fragte, ob ich ihn für einen Spießer halten würde.
»Keine Ahnung, Übergänge sind fließend und zum Ende hin gibt es Broschüren für alle«, sagte ich und schimpfte, dass Landstipendien wohl allein dazu da seien, um den künstlerischen Nachwuchs auf Überlebenschancen zu testen. Oder einfach, um den Nachwuchs auszurotten, Konkurrenz zu schmälern – verbannen. Am besten ohne Strom«, meckerte ich weiter.
»Ausrotten, genau!«, keifte er, und jeder schlug seine eigene Richtung ein.

Kurz vor der Abgrenzung zur Torpedoversuchsanstalt hockte eine Frau und baute ein mannshohes Gerüst aus Holz auf. Die einzelnen Stelen hatte sie mit getrockneten, ineinander verflochtenen Algen umwickelt und Stützpfeiler in den Sand gegraben. Ganz in ihre Arbeit versunken, rüttelte sie von Zeit zu Zeit, wohl um deren Standfestigkeit zu überprüfen, an den Pfeilern. Ein großer geschnitzter Löffel aus Lindenholz hing an Gummibändern in der Mitte der Konstruktion. In einem Eimer neben der Frau lag ein Haufen Hackfleisch. An der anderen Seite hatte sie Holz zu einem Lagerfeuer aufgeschichtet, welches sie nun, da ich neben ihr stand, entfachte.

Ich setzte mich in den Sand. Die Frau formte große Fleischbälle, steckte einen Spieß hinein, grillte sie und legte die Bälle auf den Lindenholzabwurflöffel. Ließ den Löffel nach hinten schnappen und katapultierte das Fleisch ins Meer. Die Klopse zerbarsten ob der Abwurfkraft und Geschwindigkeit oder weil sie nicht gar waren und fielen in vielen kleinen Stücken ins Wasser. Nach einiger Zeit wandte sich die Frau mir zu.

»Hast du gesehen, die Klopse, wenn die zerbrechen, sie zerbrechen mit Geschwindigkeit, die Teilchen lösen sich aus dem Ganzen, sieh nur!« – sie betätigte das Katapult aufs Neue – »wie sie in der Luft zerfallen, die Klopse! Wie ein Gemälde von Jackson Pollock, moderner zwar, aber in der Aussage gleich!«

Und in einem Ton vollster Glückseligkeit ergänzte sie:
»Sie sind fließend, die Übergänge.«
Ich nickte. Und sah weiter zu, bis der Frau das Hackfleisch ausging.

Kannst du schwimmen?

Achtzehn große Schritte lang ist meine Wohnung. Bei minus neun Grad friert die Zahnpasta im provisorischen Bad ein. Im Sommer wird es hier wieder schön, mit dem Blick auf das Dach der großen Konzerthalle, dahinter die Spree. Aus dem dritten Stock über mir sieht man die andere Uferseite. Im Sommer waren oft Freunde da, die mir versicherten, mich um meinen Ausblick sehr zu beneiden. Wir legten unsere Beine auf das Eisengeländer des Balkonstreifens der zweiten Etage, von dem aus man zu den Wohnungen gelangt, die ehemals für Busschaffner eingerichtet worden waren. In der Konzerthalle spielte eine Boygroup. Vorpubertäre Mädchen mit Plakaten wurden von den Bodyguards der Security durch das Einlassgatter geschoben.
»Glaubst du, die ahnen, dass wir sie beobachten?«
Mein Besuch zeigte mit seinem Longdrink in der Hand auf das uns gegenüber liegende Fenster des Mädchenklos.
»Ist doch egal.«
Ich goss Wodka ins Glas, füllte Eis dazu und glotzte träge nach unten in die Menge. Extreme Hitze, Ostwind, der den Sand und Dreck der Baustelle direkt in unsere Münder wehte. Es knirschte. Sandkastenerinnerungen. Eisreste um den Mund. Ich biss auf süße Körner.
Auf dem Balkonstreifen spülten wir mit Wodka.
Ich trug einen meiner hässlichsten Hüte. Ich trug ihn

wie ein kleiner Mann mit viel zu großer Mütze, in der Hoffnung, wie ein Riese zu wirken oder wie die Menschen, die weite Hosen tragen: »... mein Gott, bist du dünn geworden«.
Lautes Gekreische drang an unsere Ohren.

Winter. Meine Arme hatte ich vor der Brust gekreuzt und schritt meine Wohnung mal in die eine, mal in die andere Richtung ab. Die Zahl der Schritte teilte ich durch mein Alter. Mit jeder Veränderung der Schrittlänge erhielt ich eine neue Lösung. Eine andere Zahl, eine andere Möglichkeit? Jemand klopfte an mein mit gefrorenem Eis überzogenes Küchenfenster.

»Kannst du schwimmen?«
»Nichts ist wichtiger als die Zeit«, sagte ich und hauchte von innen ein Loch in das Eis meiner Küchenfensterscheibe. Ein Blick im Kreis.
»Ich habe auf meinen Rennen viel Zeit verloren«, sagte die Stimme aus dem Dunkel.
»Give me time« sang Damien Rice.
»Komm in die Pötte«, dachte ich und öffnete dem Balkonstreifengast meine selbstreparierte Tür. Handwerk hat goldenen Boden.

»Du suchst schon was Solides, um deine Existenz abzusichern.«
»Halt die Klappe«, antwortete ich. Wir wärmten unsere Rücken aneinander. Warmes Rückenreiben ist Schicksal.

Engtanzen können wir gut, so als ob wir eine Person wären und nicht zwei. Obwohl es viele gegeben hat, mit denen ich so tanzen kann, dachte ich und sagte das nicht, weil es gelogen war.

Husten mit Beilage. Ich wischte mir verschämt die Reste aus den Mundwinkeln. Sämtliche Frauenzeitschriften raten, beim Eisprung nicht die Tür zu öffnen oder rauszugehen. Wegen des Hormonschubs wären die meisten Frauen verwirrt und träfen eine falsche Wahl. Ohne Inhalt wird keine Form erkannt, dachte ich selbstsicher, zog meinen Rollkragen ins Gesicht.

»Deine offene Art kann man missverstehen.«
»Ich glaube das, was ich höre und sehe.«
»Und?«
»Manchmal wünschte ich mir, ich hätte keine Ohren.«
»Kannst du schwimmen?«
»Wir kennen uns eigentlich gar nicht.«

»Es ist zu kalt, um schwimmen zu gehen«, fügte ich hinzu, zündete mir eine Zigarette an, löschte das Licht und malte eine glimmende Fratze in die Dunkelheit. Ein Versuch, das Schicksal zu konservieren. Dann machte ich das Licht wieder an. Wir setzten uns auf die Borkowski-Umzugskartons, dicht an das zugefrorene Fenster. Die angehauchten Kreise verschwanden langsam. Alles wieder auf Anfang. Ich begann, laut zu lachen.

Im Sommer ist die Stadt voller Grillen. Damit sie nicht vom eigenen Zirpen taub werden und die Antworten

ihrer Angebeteten und Angreifer hören können, kann ihr Gehirn das Ohr abschalten. Ist der eigene Gesang beendet, wird das Ohr wieder eingeknipst. Eigenschutz.
»Wir kennen uns schon lange.«
»Du hast nie was gesagt.«
Ich griff an mein Ohr, glaubte einen Moment lang, ich könnte es wie einen Korkenzieher aus meinem Kopf drehen.
»Wir haben uns im Sommer kennengelernt, als ich deine Hand um meinen Bauch spürte«, kapitulierte ich. Wir rutschten noch näher ans Fenster. Aus der Konzerthalle hörten wir die Fehlfarben ihr eigenes Cover vom toten Paul singen. Wir gruselten uns vor der Zeit, die wir uns schon kannten.
»Mein eigenes Leben macht mich manchmal taub.«
»Wusstest du, dass der Winter hier in dieser Stadt sieben Monate dauert?«

Der Herzputzeimer

Die Fahrradkette war ab. Gerade frisch geölt. Trauerränder unter meinen Nägeln, Hände ölverschmiert. Keine Papiertücher dabei. An der Hose abgewischt. Schob den Weg nach Hause durch die Stadt und die Silvesterreste. Es war Todestag. Vor einem Jahr starb sie. Zu Hause angekommen. Fahrrad abgeschlossen. Treppe hoch. Wohnungstür auf. Zu. Schlüssel umgedreht. Auf und ab gegangen, nach einem Bild gesucht, das ich beschreiben könnte. Was ich schon darüber wusste? Dass es im Winter spielen und auf hoher See stattfinden würde. Immerhin – ein Anfang. »Skyscraper« von Julian Plenti im Hintergrund. Jemand fragte in die Musik hinein, ob ich an Höhenangst leiden würde.
«Are you suffering from vertigo?«
Das war die Stimme der italienischen Höhlenführerin in der Grotta del vento. Vor einem halben Jahr war ich dort, tief unten, und es geht noch weiter. Weit raus auf das Meer, bis der Ort nur noch eine schemenhafte Kulisse war. Wir waren an Bord eines Ersatzschiffes, eines Arbeitsboots eigentlich. Das für die Bestattung vorgesehene Schiff konnte wegen der strengen Witterung nicht genutzt werden. Begrüßung der Angehörigen. Verkündung der Eckdaten. Dann tauchte das Gefäß, an einem Seil am Bug entlang geleitet, ein. Als es verschwunden war, streute der Kapitän orange Rosenblätter in die See. So, als blühte das Wasser.

So hatte ich mir immer das Ende im Märchen von der kleinen Seejungfrau vorgestellt. Das Schreien der Möwen wie ferner Gesang. Langstielige Rosen, geworfen, landeten im Wasser, verteilten sich, und der Kapitän reichte Glühwein auf einem schmuddeligen Tablett, ein toter Käfer lag am Rand.
Wir tranken. Schipperten dreimal um die Stelle, an der die Urne aus Granulat mit dem Blumengesteck versunken war. Schiffsglockengeläut. Eine Art Spiegel bildete sich auf der Wasseroberfläche, kreisrund und vollkommen glatt. Kurz darauf schwappte eine Welle hoch, so, als ob sich das Meer sein Geschenk holte. Alles still. Eine Möwe begutachtete die im Wasser schwimmenden Blüten. Kein Fressen, sie flog weiter.

Ich dachte: nichts. Zigarettenasche ins Meer. Von Bord gegangen. Der Körper wie ein Eisklumpen, erst an Land, da fiel mir das auf. Kormorane auf Eisschollen, ganz weit hinten.

Plötzlich war es gestern.
Einmal noch die Hand drücken.
Wir fuhren mit einem Fahrstuhl zur Preisverleihung, ganz nach oben, über die Dächer der Stadt. Sie hätten sich wirklich mal kämmen können, tadelte sie mich und drohte mit dem Zeigefinger. Ich kämme mich nie, grinste ich. Wir kicherten. Kennengelernt hatten wir uns 1996. Z., ein gemeinsamer Freund, schleuste uns damals als potenzielle Bewährungshelferinnen in

die Jugendvollzugsanstalt von Moabit ein. Dort wurde er gelegt, der Grundstein für unsere Freundschaft. Anfangs verstand ich nicht, warum gerade ich es war, die dafür ausgesucht wurde. Wofür? Die Freundschaft. Als ich das erste Mal zu ihr eingeladen wurde und sie mich bekochte, bekam ich heftige Migräne, verbrachte die Nacht in ihrem Gästezimmer, gut versorgt mit einem Eimer neben dem Bett. Den spülte ich am nächsten Morgen aus und verschwand. Bestimmt war es das erste und letzte Mal gewesen, dass ich hier zu Gast sein durfte.
Nö. Bald trafen wir uns regelmäßig, gingen ins Kino, besuchten Ausstellungen, unternahmen Hundespaziergänge. Und – ich wurde weiter bekocht. Zu meinem Atelierumzug veranstaltete sie ein Catering, auf ihrer Speisekarte bot sie eine ABENDKANTINE FÜR MITARBEITER an. Wir waren erschöpft und zu acht. Auf der mobilen Herdplatte wärmte sie Suppe auf.

Mein Dank war Kunst. Die bekam bei ihr einen ganz eigenen Sinn. »Brain Cooking«, in Ölfarbe auf eine Tafel geschriebene Worte über ihrem Arbeitsplatz, der »Quetschkasten« in der Vitrine ihrer Schwiegermutter zwischen Erbstücken, eine Zeichnung mit »Hemden für Normale« über dem Archivschrank. War Not am Mann, brachte sie mir Kürbissuppe in Tupperdosen. Bei Kräften bleiben. Geschnorrte Selbstgedrehte ohne Filter auf dem Balkon und anderswo. Irgendwann beschenkte sie mich mit einem kleinen Eimer in

Herzform, den sie in Italien erstanden hatte. Zum Putzen, sagte sie. Den Herzputzeimer hab ich noch. Ich könnte ihn mal wieder benutzen.

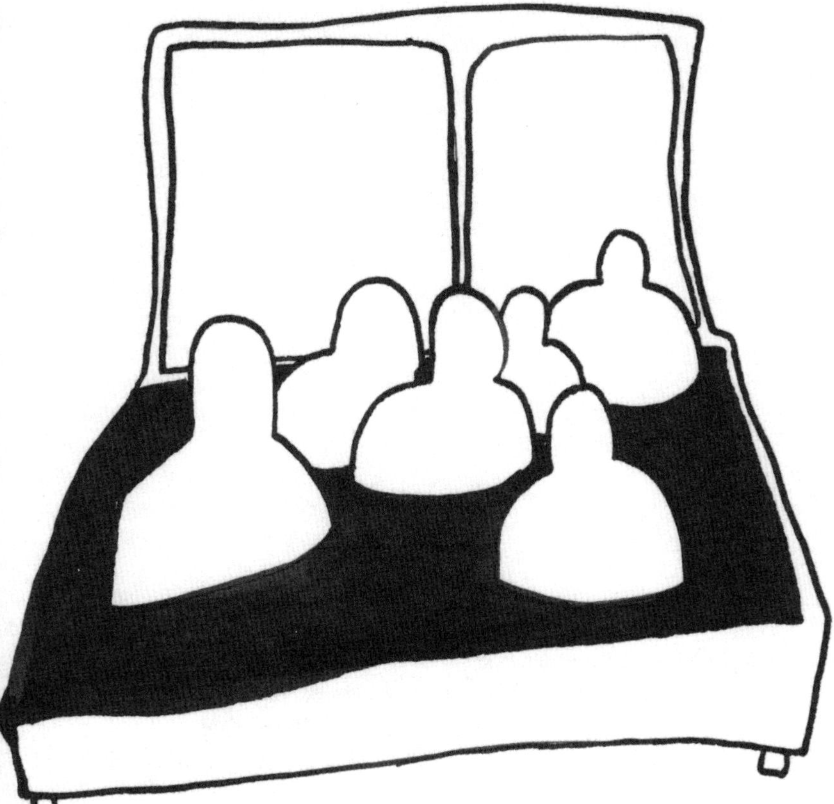

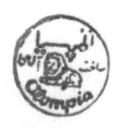

Alle Geschichten in diesem Buch entstanden zwischen 2004 und 2012. Einige wurden zuerst in der Berliner Zeitung veröffentlicht, „Das Familiengrab ist voll" erschien in der Süddeutschen Zeitung. Für die Buchausgabe wurden diese Texte überarbeitet.
Die Tuschezeichnung auf dem Umschlag stammt aus der Serie „Vakuummaschinen", 2010. Die Tuschezeichnungen im Innenteil gehören zu den Serien „Nichts verschieben", 2009, und „Nachrichten aus dem Paradies", 2011.